Où vont les États-Unis?

Du même auteur

Élections made in USA, édition 2008, avec John Parisella, Montréal, Voix parallèles, 2008.

Élections made in USA, avec John Parisella, Montréal, La Presse, 2004.

L'américanité et les Amériques, direction, Sainte-Foy, IQRC et Presses de l'Université Laval, 2001.

Le grand récit des Amériques, codirection, Sainte-Foy, IQRC et Presses de l'Université Laval, 2001.

Donald Cuccioletta

Où vont les États-Unis ?

Espoirs et clivages d'une société en crise et d'un Empire déclinant

Catalogage avant publication de Bibliothèque et Archives nationales du Québec et Bibliothèque et Archives Canada

Cuccioletta, Donald,

Où vont les États-Unis?: espoirs et clivages d'une société en crise et d'un empire déclinant

(Collection Mobilisations)

Comprend des réf. bibliogr.

ISBN 978-2-923986-67-8

1. États-Unis – Politique et gouvernement – 2009-   . 2. Capitalisme – États-Unis. 3. Libéralisme – États-Unis. 4. Changement social – États-Unis. I. Titre. II. Collection: Collection Mobilisations.

E907.C82 2013   973.932   C2013-940235-7

M éditeur
1858, chemin Norway
Ville Mont-Royal (Québec)
Canada, H4P 1Y5
m.editeur@editionsm.info
www.editionsm.info/

Distribution au Canada :
Prologue Inc.
1650, boul. Lionel-Bertrand
Boisbriand, QC, J7H 1N7
Canada
Tél. : 450 434.0306 / 1 800 363.2864
Téléc. : 540 434.2627
prologue@prologue.ca
www.prologue.ca
www.prologuenumerique.ca/

Distribution Europe :
Distribution du Nouveau-Monde/
Librairie du Québec
30, rue Gay-Lussac, 75005 Paris
France
Tél. : 01 43 54 49 02
Téléc. : 01 43 54 39 15
direction@librairieduquebec.fr
www.librairieduquebec.fr/

Table des matières

Prologue 9

1. Le dilemme 13

2. Le grand virage 25

3. Les chemins sinueux de la liberté 47

4. Luttes de classes *made in USA* 69

5. L'Empire, l'hégémonie et la guerre sans fin... 85

6. Une ère de turbulences 127

Épilogue
Notre cousin américain 151

Liste des cartes, des encadrés, des graphiques,
des illustrations et des tableaux 165

Ce livre est dédié à Martin Lubin,
ami et collègue

Prologue

*À l'époque moderne, les Lumières constituent le meilleur
exemple de « révolution des idées ». Mais [...] il est temps de
les remplacer par un système de croyances très différent, pour
assurer la poursuite de l'hégémonie du marché libre
et du capitalisme, conformément aux objectifs
que nous ont fixés les mandants.*

Susan George[1]

UNE CRISE d'envergure du système capitaliste
ébranle l'ensemble de la planète. C'est en fait
la première grande crise de la mondialisation. Pour
cette raison, elle nous interpelle, ce qui nous conduit
à réexaminer le système de la gouvernance (démocratie libérale), la structure de l'économie (libéralisme économique) et les contradictions de la société
(au niveau social, racial, générationnel, etc.). En
tant que chef de file et locomotive de cette mondialisation et donc du capitalisme mondial et, puisque
l'économie mondiale lui est si solidement arrimée,

---

1. Susan George, *Cette fois en finir avec la démocratie. Le rapport Lugano II*, Paris, Seuil, p. 106.

les États-Unis se retrouvent nécessairement sur le devant de la scène.

À l'origine, les États-Unis ont été un produit de la philosophie des Lumières (dont l'origine est surtout française et écossaise). C'est dans ce pays que se sont développés le libéralisme économique dans sa plus grande pureté (sans les scories du féodalisme) et, plus tard, le néolibéralisme, comme nous l'appelons aujourd'hui.

Façonnés à partir de la colonisation des territoires autochtones, les États-Unis n'ont jamais connu, contrairement à l'Europe, un autre mode de production que le capitalisme. Les mythes fondateurs des États-Unis sont enracinés dans les mythes fondateurs du capitalisme[1] et se confondent avec eux. Dans ce pays, le capitalisme a toujours été agressif, peu respectueux des traditions, des frontières et de l'opinion du reste du monde.

En même temps, le capitalisme américain a su s'adapter. Il a surmonté la crise des années trente en devenant le laboratoire de l'interventionnisme étatique pensé par John Maynard Keynes et mis en œuvre par Franklin Delano Roosevelt par le *New Deal*. Le capitalisme américain a relancé l'accumulation du capital à une échelle inégalée après la Deuxième Guerre mondiale et tout au long des «Trente Glorieuses».

Aujourd'hui, les États-Unis sont l'épicentre de la crise multiforme déclenchée en juillet 2007 par la crise des *subprimes*, ces prêts hypothécaires à haut risque, suivi du krach boursier de Wall Street en 2008. Cependant, la crise mondiale dépasse de loin

---

1. Voir Max Weber, *L'éthique protestante et l'esprit du capitalisme*, Paris, Plon, 1964.

la seule question du système bancaire ou financier, bien que la spéculation immobilière soit la cause première de la crise qui ne cesse de se ramifier. Ce grand choc a suscité de nombreux débats. C'est alors qu'est arrivé au pouvoir un président afro-américain, apparemment réformiste, visiblement très intelligent et dynamique, dont les accents lyriques font penser aux envolées de certains de ces prédécesseurs. Le fameux « *Yes we can* » a attiré l'attention et suscité l'enthousiasme d'une grande partie de la société, laquelle avait été durement secouée par les huit années au pouvoir de George W. Bush.

Très tôt cependant, la nouvelle administration s'est trouvée confrontée à de sérieuses congestions au niveau de la gouvernance, de la démocratie, de l'appauvrissement des classes populaires et moyennes et de l'enrichissement considérable de l'élite économique – le 1 % de la population. Au même moment, l'Empire américain a été mis à mal dans le monde dans le sillage des grands affrontements qui n'ont cessé de s'aggraver à l'ombre de la « guerre sans fin », dont il a été et est toujours un acteur de premier plan. Devant cela, des secteurs importants de la société américaine sont désormais entrés en dissidence. En plein cœur de Wall Street, des voix se sont élevées pour plaider au nom des 99 % de la population.

En fin de compte, un consensus s'est dessiné : il faut changer ! Toutefois, la question n'est pas si simple et les réponses sont souvent contradictoires. Comment opérer ce changement ? Dans quel sens ? Et surtout, que faut-il construire à la place du système actuel ?

Dans cet essai, nous discutons des différents enjeux en effectuant un va-et-vient fréquent entre les réalités contemporaines et l'histoire. À partir des multiples débats et des propositions de nombreux acteurs tant à la gauche qu'à la droite du spectre politique, nous explorons ces enjeux en mettant en relief les contradictions, les bifurcations et les différents « possibles ».

À la fin, en fonction de l'évolution prévisible des États-Unis, nous traçons un portrait de ce qui nous attend ici au Québec et au Canada.

Cet essai n'aurait pas vu le jour sans l'appui de ma compagne de vie Francine Dufort, qui a été présente tout au long de ces mois d'écriture avec beaucoup de courage et de patience. Merci également à Danielle Guilbault pour son aide sur le plan linguistique. Merci enfin Richard Poulin et Pierre Beaudet (mon camarade depuis quarante ans!) de M éditeur pour leur confiance dans mon projet.

Chapitre I

Le dilemme

À moins que je comprenne mal sa nature et son tempéra-
ment, ce pays a besoin d'aller de l'avant et exige de nouvelles
façons de faire audacieuses et opiniâtres.
Franklin Delano Roosevelt[1].

E N 2008, au moment où se profile la possible
victoire de Barack Obama à l'élection présidentielle, les jeunes du monde entier s'enthousias-
ment. En Afrique, l'opinion publique est plongée
dans l'extase pour ce fils du continent qui, dit-on,
va «changer le monde[2]». Après les huit années du
régime néoconservateur de George W. Bush, partout
dans le monde, les petites gens espèrent que l'arrivée d'Obama au pouvoir va ouvrir un nouveau chapitre de l'histoire. Le pays le plus puissant du monde
contemporain serait-il à un tournant?

---

1. Samuel Rosenman (dir.), *The Public Papers and Addresses of
   Franklin Delano Roosevelt*, New York, Random House, vol. 1,
   p. 625.
2. *Jeune Afrique*, 12 août 2008.

Pendant leur courte histoire, les États-Unis ont connu plusieurs bifurcations. À différentes reprises, ils se sont pratiquement réinventés. L'acte même de naissance du pays représente un tournant. Dans la *Déclaration d'indépendance*, Thomas Jefferson écrit que le but de la république est de permettre aux gens d'être heureux ! C'est une première dans l'histoire de l'humanité.

Tous les hommes naissent égaux. Leur Créateur les a dotés de certains droits inaliénables, parmi lesquels figurent la vie, la liberté et la recherche du bonheur ; pour garantir ces droits, les hommes utilisent des gouvernements, dont le juste pouvoir émane du consentement des gouvernés ; si un gouvernement, quelle qu'en soit la forme, vient à méconnaître ces fins, le peuple a le droit de le modifier ou de l'abolir et d'instituer un nouveau gouvernement.

Extrait de la Constitution des États-Unis, 4 juillet 1776.

Plus tard, Abraham Lincoln sauve le pays du chaos en émancipant les esclaves[1]. Dans les années 1930, en plein cœur de la grande dépression, Franklin Delano Roosevelt lance avec l'appui du mouvement syndical un grand projet populaire, le *New*

---

1. Voir Karl Marx et Abraham Lincoln, *Une révolution inachevée. Sécession, guerre civile, esclavage et émancipation aux États-Unis*, M éditeur et Syllepse, Paris et Ville Mont-Royal, 2012.

Deal. Dans les années 1960, dans le sillage de l'immense mobilisation pour les droits civiques, John F. Kennedy soulève l'espoir avec sa « Nouvelle Frontière ». Le fameux « *Yes we can* », « Oui, nous pouvons », d'Obama relève du même registre : un moment privilégié où les citoyenNEs expriment leur confiance dans leur destinée.

Sur différents plans, les États-Unis constituent un paradoxe. Malgré l'impression qui domine souvent les esprits, les Américains n'ont pas peur du changement. Leurs mythes fondateurs sont radicaux, républicains, résolument critiques de l'autorité. Ils sont en même temps imprégnés d'une vision prophétique, ce qui fait que la religion joue un rôle important, même si la séparation de l'État et de l'Église fait partie de l'acte constituant. Dans la lignée utopique de Thomas Moore, l'imaginaire social et politique s'est constitué à partir de l'idée que les États-Unis se sont édifiés grâce à leur rupture avec le « vieux monde », avec l'Europe du XVIIe siècle. Les Américains vont mettre au monde un « nouvel Adam » et l'Amérique sera un « nouveau jardin d'Éden[1] ».

La polarisation

Toujours est-il qu'en 2008, le miracle s'accomplit une nouvelle fois. Plusieurs voient en Barack Hussein Obama le « nouvel Adam ». Et ce ne sont pas seulement les électeurs démocrates qui le croient. Une majorité de l'électorat – c'est-à-dire les électeurs dits « indépendants » (non affiliés à l'un ou

---

1. John B. Judis, « America's Adam, Obama and the cult of the new », *The New Republic*, 12 mars 2008.

l'autre des deux grands partis politiques[1]) – se figure
que le président est une sorte de sauveur.

Obama gagne en effet les élections par une majorité confortable, laquelle repose sur une vaste coalition qui a pris racine dans toutes les régions et tous
les États du pays. Obama reçoit l'appui de la majorité des femmes (inspirées par Hillary Clinton), des
minorités afro-américaines et hispaniques et des classes populaires et moyennes. Plus encore, Obama
est soutenu par la grande majorité des progressistes
des mouvements sociaux, notamment les syndicats,
et par la gauche intellectuelle qui, contrairement à
un mythe bien répandu, n'est pas absente du paysage politique et médiatique. Relativement petite au
plan numérique, la gauche dispose pourtant de capacités d'action importantes. Par exemple, ce sont des
contingents entiers de syndicalistes qui font sortir le
vote, ce qui n'est pas facile aux États-Unis. Et à cause
des obstacles institutionnels, il faut travailler dur
pour que les électeurs et les électrices s'enregistrent
sur les listes électorales[2]. Les progressistes, qui sont
peu religieux, ne croient certes pas dans un « nouvel Adam », mais espèrent qu'Obama sera un autre
Franklin Delano Roosevelt et qu'il mettra en route
un nouveau *New Deal*.

Cependant, Obama est loin de faire l'unanimité.
Devant la coalition qui l'appuie se déploie une puissante alliance de la droite. Cette droite a elle aussi une

---

1. Aux États-Unis, les électeurs et les électrices doivent s'inscrire
    sur le registre électoral comme « démocrates », « républicains »
    ou encore « indépendants ».
2. En réalité, l'obligation de s'enregistrer s'opère au détriment
    des classes populaires, ce qui engendre des taux d'abstention
    très élevés lors des élections, sans commune mesure avec les
    taux d'abstention des autres pays capitalistes.

longue histoire. Elle a bataillé contre Abraham Lincoln. Elle a combattu Franklin Delano Roosevelt et s'est opposée à John F. Kennedy. Elle a ses intellectuels, ses *think tanks*, ses réseaux populaires et beaucoup d'argent. Depuis toujours, cette droite se fait la défenderesse du capitalisme « pur et dur ». Elle est contre toute intervention étatique dans le domaine social et la santé. Dans les années 1980, sous l'égide de Ronald Reagan, elle relance son projet de société au moyen des politiques néolibérales. Puis au tournant des années 1990, grâce aux néoconservateurs qui se sont regroupés autour de George H. W. Bush, se développe une nouvelle perspective de droite. Ces néoconservateurs sont puissants, car ils s'appuient sur des mouvements populistes d'extrême droite, sur des conservateurs religieux et sur un vaste appareil pour qui les démocrates, en particulier Obama, sont de dangereux extrémistes de gauche. Ces néoconservateurs disposent d'une assise idéologique, voire culturelle. Ils ont une vision du monde axée sur les « valeurs familiales », sur une interprétation rigoriste de la religion chrétienne (« le monde a été créé en sept jours ») et sur l'opposition farouche à ce qu'ils considèrent comme des signes de décadence de la civilisation : le féminisme (et notamment le droit des femmes à disposer de leur corps), l'homosexualité, la tolérance des minorités religieuses, etc. Ils sont fiscalement conservateurs, s'opposant à toute expansion des programmes publics qui requièrent de nouveaux impôts. Ils estiment que les États-Unis sont LA puissance et veulent maintenir sa suprématie militaire à l'échelle mondiale, quel qu'en soit le coût. Contre Obama, cette droite mène une campagne très agressive, comparant même le candidat démocrate à Staline ou à Hitler !

Alors survient un tournant inattendu. À quelques mois des élections présidentielles, l'économie subit un véritable krach. C'est l'implosion à Wall Street, c'est l'effondrement brutal des principales institutions financières. Cette réalité des faits dément le discours traditionnel de la droite selon lequel l'économie doit être laissée à elle-même et que seule la « main invisible » du marché peut résoudre les problèmes. En dépit des efforts de George W. Bush pour minimiser la catastrophe, de toute évidence un virage s'impose. Washington injecte alors 400 milliards de dollars pour sauver le système bancaire et l'industrie automobile, au prétexte que ces entreprises sont trop importantes pour faire faillite, mais le prix à payer est très lourd. Le chômage frappe plus de 10 % des salariéEs, ce qui ajoute aux millions de personnes qui ne sont plus sur le marché du travail. Arrive alors un deuxième choc. Le rêve américain part en lambeaux. La mobilité sociale, l'égalité des chances, la perception que chaque citoyen a une place au soleil, toutes ces idées bien ancrées s'effilochent au fur et à mesure que la crise financière s'approfondit et que les conditions de vie régressent. Des intellectuels comme des gens ordinaires se demandent si ce n'est pas la fin de l'« *American way of life* » ?

Le temps des incertitudes

Depuis leur naissance, les États-Unis d'Amérique sont les champions du capitalisme. La doctrine fondamentale est celle du libéralisme économique. Elle renvoie à une idée bien ancrée selon laquelle l'économie de libre marché privilégie l'individu et sa liberté ainsi que le libre jeu des actions individuelles qui servent l'intérêt général. La meilleure politique et la meilleure économie, ce sont celles qui reposent sur le « laisser-faire » et la « liberté du marché ». Cette référence, qui est profonde dans la psyché américaine, provient du fait que les États-Unis ont été à l'origine une terre d'accueil pour une nouvelle classe de petits propriétaires, d'artisans et de commerçants, tous habités par l'esprit de l'individualisme économique. Ces « pionniers » espéraient un monde sans entraves, un monde où l'autorité étatique est absente ou, en tout cas, reste bien discrète. Ils devaient pouvoir opérer et faire leurs affaires en toute liberté. Ils devaient aussi avoir accès à d'incessantes arrivées de main-d'œuvre docile (au début les esclaves et les paysans pauvres de la Grande-Bretagne, puis des immigrants de toutes les parties du monde). Du XIXᵉ siècle jusqu'à la première partie du XXᵉ siècle, ce projet a semblé opérer sans problèmes majeurs. Plus tard, au tournant des années 1920, la crise a sérieusement mis à mal cette utopie. Cependant, après la Deuxième Guerre mondiale, le rêve a resurgi et a pu continuer à opérer pendant des décennies.

Mais voilà que tout cela semble se volatiliser. La crise qui frappe au début du millénaire déstabilise tout le monde, à commencer par les ténors mêmes du capitalisme. Même le puissant président du Bureau des gouverneurs de la Réserve fédérale (la banque centrale des États-Unis), Paul Volcker, s'interroge sur la viabilité du système[1]. Après la victoire électorale de 2008 d'Obama au détriment de John McCain, l'instabilité persiste et la polarisation politique s'accentue. En 2010, lors des élections au Congrès, après une campagne électorale très agressive, les républicains

---

1. *National Post*, 18 février, 2008

gagnent la majorité des sièges à la Chambre des représentants, réduisent la majorité sénatoriale des démocrates et accaparent 30 des 50 postes de gouverneurs d'États. Ils pressentent alors pouvoir vaincre le président dès après son premier mandat.

Affaibli par ces divisions qui ne cessent de fractionner la société, Obama hésite. D'autant que les entreprises financières ne lui laissent qu'une très faible marge de manœuvre. Dans un pays où l'écart entre les riches et les pauvres s'élargit et où la classe moyenne se rétrécit, le discours antisocial continue de progresser. L'ambition d'Obama d'alléger le fardeau fiscal des plus démunis et d'augmenter celui des privilégiés tout en procédant à la réforme du système de la santé se heurte à un mur. La droite accuse le président de socialisme et de mise en péril des « valeurs individualistes » du pays. Obama recule, mais ce n'est jamais assez. Doublant la droite traditionnelle, les médias et les associations patronales, une « droite de la droite » prend racine. Elle anime un puissant mouvement de masse. Des foules considérables se rassemblent autour du Tea Party, une sorte de mouvance décentralisée qui amalgame populisme, postures contre les immigrants et (à mots plus ou moins couverts) racisme. Tout cela au nom d'une idéologie bric-à-brac « libertarienne ».

Les hésitations, voire les ambigüités d'Obama et du camp démocrate alimentent la droite. Le président ne se branche pas. Il ne semble pas pouvoir mettre en branle un *New Deal* et même en vouloir un. Il semble encore moins capable d'opérer le tournant que cela représenterait en matière d'alliances sociales. Il ne veut pas heurter l'élite pour laquelle l'avenir de l'hégémonie américaine ne repose pas sur un « grand compromis » social, mais au contraire sur la réaffirmation des principes néolibéraux, sur la foi dans un capitalisme toujours novateur, reposant sur la supériorité technologique des États-Unis. Éventuellement, pense cette élite, une fois que l'économie aura été stabilisée, les conditions de vie pourront s'améliorer, mais pas avant longtemps. En attendant, les gens doivent accepter l'austérité. En réalité, Obama opine à l'idée que la réduction du déficit budgétaire se fasse au moyen de coupes dans les budgets. Cette vision, qui est celle de Wall Street, est intériorisée par Obama.

Les déboires de l'Empire

APPARAÎT ALORS un autre dilemme au moins aussi grave que le précédent. Hégémoniques depuis la Deuxième Guerre mondiale (et encore plus depuis l'implosion de l'Union soviétique), les États-Unis cherchent à maintenir leur domination. Au tournant des années 1990, l'administration démocrate de Bill Clinton tente de relancer la puissance militaire états-unienne. Puis avec la « guerre sans fin » décrétée par le président Bush en 2001, cette relance prend des proportions inédites. Les budgets militaires explosent. Les États-Unis se lancent à la conquête du monde, en particulier à la conquête des riches régions pétrolières du Moyen-Orient et de l'Asie centrale. Assez rapidement, leur échec devient flagrant. L'unilatéralisme marque une rupture avec la tradition de Woodrow Wilson et conduit à des affrontements avec des alliés traditionnels, notamment certains pays de l'Europe occidentale. Les puissances dites « émergentes » (dont la Chine) n'acceptent pas par ailleurs le retour de la

politique du bâton (*big stick*). La résistance populaire dans des pays comme l'Irak et l'Afghanistan
s'avère beaucoup plus importante que prévu et réussit à anéantir la « réingénierie » à moindre coût de ces
États rêvée par Bush. C'est une catastrophe.

Carte I
Les forces de l'OTAN en Afghanistan[1]

Obama hérite de ce chaos. D'emblée, le nouveau
président, qui n'est ni un pacifiste ni un critique de
l'impérialisme états-unien, sait qu'il faut changer la
conduite de la politique étrangère. Les choix ne sont
pas faciles. Obama maintient un certain nombre de
priorités « fondamentales », dont celles de préserver l'hégémonie états-unienne en Asie, mais tente

---

1. Source : < http://planetevivante.wordpress.com/2009/04/04/
   lotan-a -60-ans/ >.

de réduire la surface d'exposition des forces américaines (d'où le retrait partiel de l'Irak et le redéploiement en Afghanistan). Il tente par ailleurs de reconstruire des ponts avec l'Europe et même avec les pays « émergents », tout en projetant dans le monde l'image d'un architecte de la paix. En réalité, il persiste dans la stratégie impérialiste, ce qui limite beaucoup la portée des changements qu'il préconise.

Back to the future

Nous voilà arrivés au terme du premier mandat d'Obama. Le pays est en crise, mais il n'a pas implosé. Les problèmes économiques sont très graves : la dislocation de l'« ancienne » économie (basée sur le secteur industriel) se poursuit et les difficultés d'une restructuration en profondeur persistent. L'Empire reste contesté et contestable. Avec le « printemps arabe » et d'autres soulèvements populaires d'un bout à l'autre de la planète, des régimes alliés des États-Unis depuis des décennies s'effondrent. Les appuis populaires d'Obama s'effritent. La droite pense que tout redevient possible. Jusqu'à la dernière minute, le suspense demeure. Puis c'est le dénouement. Les républicains sont battus. Pour autant, leur échec est atténué parce qu'ils maintiennent leur hégémonie sur le Congrès et les administrations locales. Sur le fond, rien n'est réglé. La polarisation et la confrontation se poursuivent. Le dilemme américain persévère.

grand virage politique du début des années 1980, où les élites se sont faites les chantres du néolibéralisme avant d'embrasser le néoconservatisme. Ces grandes transformations sur lesquelles reposent les réalités sociales, politiques et économiques contemporaines perdurent de nos jours. Dans ce chapitre, nous remontons aux sources du débat. Par la suite, nous discutons des raisons qui expliquent l'impossibilité actuelle de procéder à tout changement important.

Aux origines du grand débat

LE GRAND VIRAGE amorcé au début des années 1980 provoque une profonde rupture avec la gouvernance qui a dominé aux États-Unis pendant plus de cinquante ans. Cette gouvernance, qui a pris naissance durant la Grande Dépression des années 1930, était une réaction aux politiques de laisser-faire économique jugées responsables de la crise internationale généralisée du capitalisme. Le président Roosevelt impulse alors un nouveau départ, lequel s'avérait nécessaire parce que cette dépression menaçait les fondements mêmes du capitalisme, comme l'a si bien expliqué le grand économiste de l'époque, John Maynard Keynes[1]. Dans la bataille des idées, la droite, qui tire son inspiration de l'économiste autrichien devenu citoyen américain, Ludwig Von Mises, tente de réfuter le keynésianisme, car ce dernier promeut une forme d'étatisme et de collectivisme. Von Mises est relayé par un autre économiste autrichien, qui a été son émule, Friedrich Hayek, un partisan d'une sorte de darwinisme social où les plus forts survivent et les plus faibles sont

---

1. Voir Gilles Dostaler, *Keynes et ses combats*, Paris, Albin Michel, 2005.

voués à disparaître. Son ouvrage majeur, *La route de la servitude*[1], devient une référence centrale de la droite. Hayek refuse toute intervention publique dans l'économie et le social. Pour lui, toute forme de socialisation de l'économie et d'intervention importante de l'État dans le marché débouche nécessairement sur la suppression des libertés individuelles. Cet interventionnisme est assimilé au socialisme marxisant. Même la social-démocratie et le libéralisme social ne trouvent pas grâce à ses yeux. Toutefois, dans le contexte de la Grande Dépression et de l'essor des luttes populaires, Roosevelt décide d'adopter une perspective keynésienne et devient le champion de l'intervention de l'État pour relancer l'économie en panne.

Pour Keynes, la pauvreté et l'incertitude ne sont pas le fruit du hasard, ce sont les conséquences de décisions idéologiques et politiques ainsi que le fruit d'erreurs humaines. C'est à l'État de remettre de l'ordre dans un capitalisme qui, laissé à ses propres inclinations, engendre le chaos. Tout en restant dans le cadre de l'ordre capitaliste, le keynésianisme accorde à l'État la responsabilité de contrôler les grands flux et de réguler si nécessaire le processus d'accumulation du capital pour éviter les « excès » et faire en sorte que les classes moyennes et populaires y trouvent leur compte. Certes, pour les partisans du laisser-faire, Keynes est un dangereux radical de gauche. Néanmoins, le keynésianisme s'impose pendant plusieurs décennies, en fait, jusqu'à la récession internationale de 1974-1975 – la première depuis la Deuxième Guerre mondiale – puis celle de 1980-1982. À partir de ce moment-là, l'histoire bifurque.

1. Friedrich Hayek, *La route de la servitude*, Paris, Presses universitaires de France, 1985.

L'essor du néolibéralisme

En 1980, Ronald Reagan est élu à la présidence des États-Unis. Le nouveau président et son équipe sont des conservateurs « modérés ». Ils veulent changer la gouvernance du pays, mais pas forcément de façon radicale. Depuis la fin de la Deuxième Guerre mondiale, plus particulièrement depuis les années 1950, à cause de la montée en puissance de l'URSS, le conservatisme états-unien vise surtout à contrer le danger soviétique et, par là même, les menaces révolutionnaires dans le tiers-monde. Au pouvoir, l'aile militante de ce conservatisme veut en découdre avec l'URSS et, en même temps, affaiblir, voire liquider l'héritage de l'interventionnisme étatique mis en œuvre par les démocrates depuis le « *New Deal* », ce que propose depuis longtemps le héros de la droite, le sénateur Barry Goldwater[1]. Au début des années Reagan, la jeune droite marque son territoire. Il faut, croit-elle, redresser le tir et revenir aux véritables principes américains du libéralisme économique. Assez rapidement, les ultraconservateurs sont déçus. À leurs yeux, l'administration Reagan ne va pas assez loin. Comme le soutient le conseiller économique de Reagan, David Stockman, ils estiment que le président refuse de provoquer la rupture avec le passé rooseveltien et se contente de gérer une molle alternance[2]. Pourtant, Reagan provoque des change-

---

1. Barry Goldwater, sénateur de l'Arizona, libertarien et disciple du laisser-faire, a été candidat républicain à la présidence en 1964. Son témoignage, *The Conscience of a Conservative* (Shepherdsville, Victor Publishing Compagny, 1960), est un texte de référence pour le mouvement conservateur.
2. David A. Stockman, *The Triumph of Politics. Why the Reagan Revolution Failed*, New York, Karper & Row, 1986.

ments. Il fragilise les syndicats (entre autres en brisant la grève des contrôleurs aériens). Il relance la confrontation avec l'Union soviétique et renforce les capacités militaires du pays. Il amorce la déréglementation du système bancaire, supprimant ainsi les contraintes règlementaires mises en place par Roosevelt. Aux yeux des ultraconservateurs, ce n'est pas assez : il faut réduire voire supprimer les programmes sociaux, les subventions gouvernementales aux agriculteurs, abolir Medicaid et Medicare (programmes d'assurance maladie pour les démunis et les personnes âgées). Kevin Philips, Richard Viguerie, Jerry Fallwell, Pat Roberston et d'autres idéologues de la nouvelle droite affirment que l'« ennemi principal » n'est plus le communisme (dont l'attractivité est en perte de vitesse), mais le keynésianisme.

Tout au long des années Reagan, les conservateurs adoptent une posture « gramscienne[1] ». Ils préconisent une lutte « culturelle » prolongée. Ils visent à changer les mentalités et les valeurs de la société. Parmi leurs militants, on retrouve les conservateurs religieux, principalement évangéliques. Ils profitent du désengagement de l'État de certaines fonctions sociales pour étendre leurs tentacules particulièrement auprès des plus pauvres. Dans l'intervalle

---

1. Membre fondateur du Parti communiste italien, Antonio Gramsci (1891-1937) a développé le concept d'hégémonie culturelle pour expliquer la domination d'une classe sociale et le rôle que les pratiques quotidiennes, les mentalités et les croyances collectives jouent dans l'établissement des systèmes de domination et de soumission, en assurant leur pérennité. Selon Gramsci, tout groupe qui vise la conquête du pouvoir doit préalablement arriver à dominer culturellement, gagner la « guerre de position » contre les valeurs de la classe dominante qui se présentent comme « naturelles » ou « normales ».

prolifère une nouvelle génération de *think tanks* de droite et se multiplient les initiatives politiques pour influencer l'ordre du jour gouvernemental. Aux institutions traditionnelles de la droite comme le Hoover Institute, l'American Enterprise Institute et le Cato Institute s'ajoutent la Heritage Foundation (créé en 1973), le Discovery Institute, le Project for a New American Century et le National Centre for Public Policy Research. Chacun de ces instituts produit des documents, organise des séminaires pour les experts et étend son influence dans les universités. Par ailleurs, cette évolution du champ intellectuel est nourrie par des travaux de chercheurs qui, comme l'affirme Francis Fukuyama[1] (à l'emploi de la Rand Corporation, un des *think tanks* de la droite), estiment que le capitalisme a « définitivement » vaincu le socialisme. À travers cette bataille idéologique s'insinue dans la société l'idée de la supériorité de l'économie déréglementée et du laisser-faire. Si cette idéologie devient dominante au sein du Parti républicain, elle n'en pénètre pas moins également les milieux démocrates. En réalité, l'élite économique, toutes tendances confondues, estime que le néolibéralisme est une doctrine beaucoup plus attrayante que le keynésianisme pour gérer les luttes de classes dans le nouveau contexte américain et mondial.

De Bush (père) à Clinton

En 1988, George Bush père succède à Reagan. La droite ultraconservatrice intensifie sa guerre de position au sein du dispositif institutionnel. De nou-

---

1. Francis Fukuyama, *La fin de l'histoire et le dernier homme*, Paris, Flammarion, 1992

velles organisations et de nouveaux réseaux sont mis
en place : Focus on the Family, Family First (anti-
vortement), American Values (éducation), Moral
Majority (chrétiens fondamentalistes). Les conservateurs prennent d'assaut les commissions scolaires,
les églises, les groupes communautaires pour en faire
les véhicules de l'idéologie de la droite et même parfois de l'extrême droite. À la commission scolaire de
Chicago, la droite fait retirer de la liste des lectures
le plus grand roman américain classique, *Huckleberry
Finn* de Mark Twain, parce que le roman prêche
« trop de liberté pour la jeunesse » ! Entretemps, les
groupes paramilitaires connaissent une croissance
fulgurante, entre autres pour faire la chasse aux
immigrants clandestins.

En 1992, le démocrate William Clinton est élu
à la présidence. Politicien d'un petit État du Middle
West, l'Arkansas (qui est aussi l'État le plus pauvre
du pays), il décide de suivre le courant. Il postule
que, pour garder le pouvoir, les démocrates doivent
réorienter leur programme politique et adopter des
positions plus à droite. Il écarte les éléments progressistes de son parti. Après son élection, il intègre dans
son équipe des néolibéraux comme Alan Greenspan,
Robert Rubin et Lawrence Summers, qui deviennent
les ténors de sa politique économique (ils sont respec-
tivement président du Bureau des gouverneurs de la
Réserve fédérale, secrétaire et sous-secrétaire adjoint
au Trésor). Ces grands commis de l'État réussissent
à modifier les politiques économiques et libéralisent
le système financier. Leur plus grande « victoire » est
l'abolition, en 1999, de la loi Glass-Steagall de 1933,
un héritage de l'époque de Roosevelt. Cette loi res-
treignait les activités bancaires, interdisant entre

autres l'exercice simultané des fonctions de banques de dépôt et de banques d'affaires, qui font des opérations sur les titres et les valeurs mobilières, et plafonnant les taux d'intérêt sur les dépôts bancaires, etc. Tout au long de ses deux mandats, Clinton ne cesse de déréglementer le secteur financier, ce qui procure d'énormes profits aux institutions financières tout en hypothéquant l'économie à moyen et à long terme[1].

En 2000, George W. Bush remporte la victoire aux élections présidentielles au détriment du démocrate Al Gore. Toutefois, cette victoire est entachée d'un parfum de scandale dû à une monumentale fraude électorale. Bush est le champion de Wall Street. Il accélère la déréglementation des institutions bancaires et financières avec l'appui du gourou des finances, l'éternel Alan Greenspan (qui demeure président de la Réserve fédérale[2]). Greenspan répond aux attentes de Wall Street et facilite l'expansion phénoménale du secteur financier.

De Milton Friedman à Ayn Rand

Derrière les Bush et Greenspan, d'autres personnages acquièrent de l'importance. C'est le cas notamment de l'économiste Milton Friedman, un professeur de l'Université de Chicago. Il préconise depuis longtemps des politiques de privatisation et de déréglementation tous azimuts de l'économie.

---

1. John Quiggin, *Zombie Economics. How Dead Ideas Still Walk Among Us*, Princeton, Princeton University Press, 2010.
2. Le président du Bureau des gouverneurs de la Réserve fédérale est la personne la plus importante après le président. Il est central dans le rouage du système économique et commercial des États-Unis.

Son livre *Capitalism and Freedom* devient la bible de la droite conservatrice et des libertariens[1]. Pour Friedman, le libre marché sans ingérence étatique constitue la vraie liberté. L'ennemi, c'est l'État qui entrave la liberté d'action des individus dans l'arène du marché. L'influence de Friedman s'étend à l'extérieur des États-Unis auprès de certains régimes dictatoriaux de l'Amérique latine. Ses idées contre le « *big government* » (un euphémisme pour l'interventionnisme étatique), contre les syndicats (qui « empêchent le travailleur de se libérer ») et contre le libéralisme philosophique (qu'il juge être l'antichambre du socialisme) font de lui le héros de la nouvelle vague conservatrice. Les mesures qu'il prône pour accélérer la destruction du « *New Deal* » incluent la libéralisation des changes, la déréglementation du secteur privé et le démantèlement de la sécurité sociale.

Parallèlement aux débats économiques se développent d'autres fronts dans la grande bataille des idées. Une émigrée russe, qui a fui l'URSS, Ayn Rand née Alissa Zinovievna Rosenbaum, occupe une place particulière dans cette bataille. Ses œuvres romanesques, dont *The Fountainhead* et *Atlas Shrugged*[2], deviennent très populaires. Ses romans racontent l'histoire de batailles titanesques de la part de courageux individus qui s'opposent au « monstre étatique ». L'enjeu est de défendre les honnêtes citoyens menacés par le collectivisme qui est, en fait, un autre nom pour le socialisme.

1. Milton Friedman, *Capitalism and Freedom*, Chicago, University of Chicago Press, 1962.
2. Ayn Rand, *The Fountainhead*, Indianapolis, Bobbs-Merrill, 1943 (*La Source vive*, Paris, Plon, 1997) ; *Atlas Shrugged*, New York, Random House, 1957 (*La Grève ou La Révolte d'Atlas*, Paris, Les Belles Lettres, 2011).

Les grands magnats de l'industrie – Ford, Rockefeller et Vanderbilt – sont précisément les archétypes de ce genre de héros, explique-t-elle. Ils défendent le « droit » à l'égoïsme. L'individu, qui « se doit d'exister pour lui-même » et qui est essentiellement un entrepreneur, a la légitimité exclusive de la poursuite du « *self-interest* », lequel est nécessairement adossé à la propriété privée. Cet « égoïsme rationnel » ou « égoïsme de l'intérêt personnel » est le seul principe moral digne d'être suivi. Il s'oppose à l'altruisme de la mentalité collectiviste. Les individus entrepreneurs sont donc les producteurs et les créateurs des valeurs dans la société et toute leur redistribution n'est que le fruit de leur travail. Rand devient la Jeanne d'Arc du conservatisme et le porte-étendard des libertariens.

Les contours du débat actuel

Grâce à la longue bataille des idées menée par la droite, le terrain est défriché. Au tournant des années 2000, la droite s'est imposée dans plusieurs domaines (l'économie, la culture, les valeurs, etc.). Elle domine le Parti républicain et dispose de relais très puissants dans le Parti démocrate. Cependant, comme toujours, la situation évolue. La nouvelle crise de 2008 secoue l'édifice. Alors se met en branle une nouvelle confrontation politique et idéologique. La question est posée à nouveau : qui peut mieux défendre et reconstruire le capitalisme au XXIᵉ siècle ? Faut-il relancer le libéralisme social par l'interventionnisme étatique (quitte à « réinventer » un « *New Deal* ») ? Ou faut-il aller dans le sens du libéralisme à tout crin ? Ironie de l'histoire, Keynes et Hayek sont de retour dans l'actualité.

Pour les conservateurs, Hayek a toujours raison. Glenn Beck, commentateur à Fox News (le réseau médiatique le plus à droite du spectre politique) et grand adepte du Tea Party, transforme le vieil Autrichien en auteur populaire. En 2008, son livre est un succès de librairie! Il est l'objet de colloques, de films, voire de vidéo-clips diffusés dans le cyberespace auprès de millions de personnes. Il est à nouveau à la mode pour les libertariens. Le représentant du Texas au Congrès, Ron Paul, le cite pour dénoncer les interventions du gouvernement fédéral qui, selon lui, constituent de graves erreurs, si ce n'est des crimes. De l'autre côté, affirment trois célèbres économistes, Paul Krugman, Robert Reich et Joseph Stiglitz[1], il faut revenir aux politiques économiques prônées par Keynes. Au début de son mandat, ces derniers pressent Obama d'aller plus loin. Ils estiment qu'un nouveau « New Deal » est nécessaire et doit reposer sur la nationalisation de certaines industries clés (l'automobile notamment) et même d'institutions bancaires de façon à retrouver l'équilibre et à mettre un frein à la terrible inégalité sociale qui mène les classes moyennes et populaires à la ruine.

Impacts dévastateurs

EFFECTIVEMENT, depuis 2008, les effets dévastateurs de la crise ne font que s'aggraver. Le chômage

---

1. Krugman est un économiste de l'Université de Princeton et chroniqueur au *New York Times*. Reich est professeur à l'Université d'État de Californie et a été secrétaire au Travail dans l'administration Clinton. Stiglitz est professeur d'économie à l'Université de Columbia et conseiller spécial du Secrétaire général de l'ONU.

est très élevé, autour de 9,1 % et, dans certains
États, il tourne autour de 15-18 %. Si on ajoute
à cela des facteurs contingents comme le grand
nombre de personnes qui a cessé de chercher du
travail ainsi que les nombreuses personnes qui ont
seulement un travail à temps partiel (sans compter les deux millions de détenus dans les institutions carcérales), on peut estimer que le taux de
chômage est plus élevé que ce que montrent les sta-
tistiques officielles.

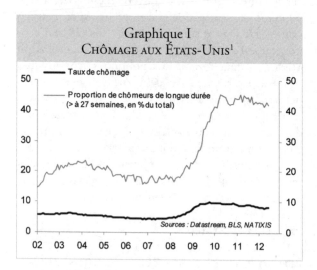

Graphique I
CHÔMAGE AUX ÉTATS-UNIS[1]

Sources : Datastream, BLS, NATIXIS

Au même moment, plus de trois millions
d'Américains perdent leurs maisons parce qu'ils ne
sont plus en mesure de payer les intérêts de leurs
prêts hypothécaires. Les marchés immobiliers

1. Source : Patrick Artus, *Flash économique*, Natixis, n° 511,
    24 juillet 2012, p. 5.

Tableau I
Pauvretés, salaires, revenus...

% de la population vivant sous le seuil de la pauvreté	16,1 % (11,3 % en 2001)
% de personnes de plus de 65 ans vivant sous le seuil de la pauvreté	17 %
Chute du salaire médian (entre 1999 et 2011)	16 %
Salaire hebdomadaire médian en dollars	505 dollars
Revenu moyen des 90 % des personnes payant des impôts	31 244 dollars
Augmentation en % du nombre de personnes faisant appel aux banques alimentaires depuis 2006	+46 %
Nombre de personnes recevant des bons alimentaires de l'État	47,1 millions (+74 % depuis 2007
% des enfants recevant des bons alimentaires	25 %
% des personnes ne bénéficiant d'aucune assurance maladie avec leur employeur	44 %
Augmentation en % des prix alimentaires (depuis 2011)	37 %

chutent au point où les hypothèques valent souvent plus que le prix des maisons. Plusieurs centaines de petites banques régionales font faillite : la First Banking Centre à Burlington, au Vermont, la Copper State Bank à Scotsdale, en Arizona, la Pierce Commerce Bank, à Tacoma, dans l'État de Washington. C'est très important, car la majorité des Américains placent leurs économies dans les banques régionales.

La pauvreté connaît des sommets inégalés depuis la Grande Dépression.

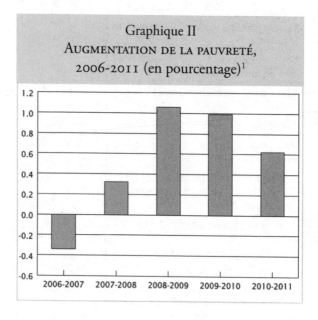

Graphique II
AUGMENTATION DE LA PAUVRETÉ,
2006-2011 (en pourcentage)[1]

En même temps, les riches s'enrichissent. De 1979 à 2007, les revenus après impôt du 1% des Américains les plus riches augmentent de 275% (voir le Graphique III à la page 40). En réalité, le transfert des richesses des plus pauvres vers les plus riches s'étend sur une très longue période, laquelle débute avec le tournant des années 1980.

La crise de 2008 accélère un processus déjà en marche! Cependant, en 2010, en plein milieu de la

---

1. US Census Bureau, *Poverty*, septembre 2012.

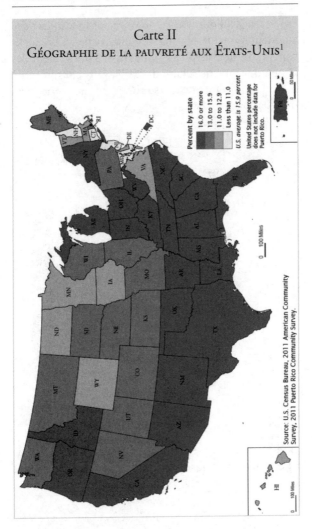

Carte II
Géographie de la pauvreté aux États-Unis[1]

---

1. Alemayehu Bishaw, «Poverty 2010 and 2011: American community survey briefs», *American Community Survey*, <www.census.gov/prod/2012pubs/acsbr11-01.pdf>.

crise actuelle, l'opinion est secouée par le scandale des augmentations de revenus des plus riches. Les cadres supérieurs des 200 plus grandes firmes obtiennent des augmentations de salaire de 23 %, sans compter une hausse importante de leurs primes (en moyenne 38 % de plus)[1] !

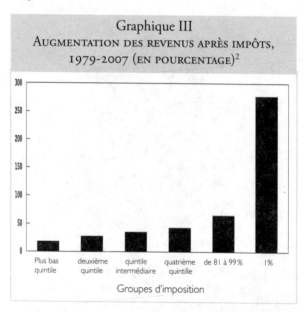

Graphique III
AUGMENTATION DES REVENUS APRÈS IMPÔTS,
1979-2007 (EN POURCENTAGE)[2]

Une fois à la présidence, Obama se retrouve dans une situation catastrophique. Très tôt, une guerre d'influence s'amorce dans son administration. Les

1. Pradnya Joshi, « We knew they got raises. But this ? », *New York Times*, 2 juillet 2011.
2. Congress of the United States, Congressional Budget Office, *Trends in the distribution of household income between 1979 and 2007*, octobre 2011

premières décisions consistent à poursuivre le sauvetage de Wall Street amorcé par George W. Bush. Le nouveau président n'y va pas de main morte. Il met 800 milliards de dollars (le Troubled Asset Relief Program – TARP) à la disposition des grandes institutions financières, même celles qui ne sont pas en situation de fragilité. La logique est simple : affirmer à la face du monde, aussi bien à l'intérieur du pays qu'à l'étranger, que les États-Unis restent la plus grande puissance de la planète et que Wall Street demeure le socle du système financier mondial. Le défi est de taille, compte tenu de la situation globale des États-Unis, de l'augmentation faramineuse de la dette publique et de la financiarisation de l'économie.

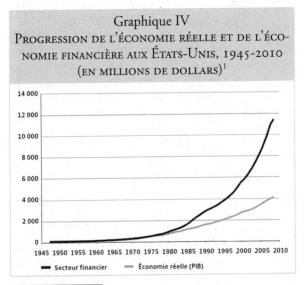

Graphique IV
PROGRESSION DE L'ÉCONOMIE RÉELLE ET DE L'ÉCONOMIE FINANCIÈRE AUX ÉTATS-UNIS, 1945-2010 (EN MILLIONS DE DOLLARS)[1]

1. Julia Posca, *Agences de notation, au cœur des dérives de la finance*, IRIS, 2012.

Obama ne peut pas seulement sauver Wall Street, la majorité de la population veut autre chose. C'est alors qu'il lance sa réforme de la santé. C'est la première fois depuis cinquante ans qu'un président essaie de réaliser un tel programme. La situation est scandaleuse : plus de 50 millions d'Américains sont sans assurance médicale. Les ambitions d'Obama sont pourtant modestes. Le programme s'adresse aux couches les plus démunies – il ne s'agit pas de mettre en place une assurance maladie universelle. En outre, on confie aux compagnies d'assurance privées la tâche de gérer la couverture médicale. Les subventions de l'État aux individus servent à payer les primes des entreprises. En réalité, Obama pense que

La santé malade d'un système

- Les États-Unis sont le seul pays industrialisé sans système public et universel de santé,
- Plus de 46 millions d'États-Uniens n'ont aucune assurance maladie (recensement de 2006).
- 33 % des gens en dessous du seuil de la pauvreté sont sans assurance maladie.
- Les dépenses dans le domaine de la santé sont 7 000 dollars par habitant, 50 % de plus que la moyenne dans les pays membres de l'OCDE.
- Les frais d'administration des firmes privées sont de 12 %, contre des frais de 1,3 % au Canada (système public).
- 62 % des faillites personnelles sont dues à l'incapacité de rembourser les dépenses de santé.
- Le taux de mortalité infantile est de 15/1 000 à Détroit contre 9/1 000 au Salvador.

sa façon de procéder, qui est contestable du point de vue des coûts et de l'efficacité, peut réussir à amadouer les républicains.

Or, son pari ne tient pas la route. Aiguillonnée par le Tea Party, la droite ne veut rien savoir et monte au créneau. Son discours est violent : « Obama est un socialiste ! » ; « Les États-Unis sont la nouvelle Union soviétique ! » ; « Les vraies valeurs américaines sont détruites ! » ; « Obama n'est pas un vrai Américain, mais un musulman qui veut instaurer la charia ! » Un mouvement est mis sur pied, les *birthers*, qui remet en cause la citoyenneté américaine d'Obama, car selon la Constitution américaine, une personne née à l'étranger ne peut pas postuler à la fonction présidentielle. Le gouverneur du Texas, un des chefs de file du Parti républicain, Rick Perry, émet des doutes sur la validité de l'acte de naissance d'Obama !

Le retour des républicains

Cette campagne est relayée par le vaste réseau des médias de droite et d'extrême droite. Lors des élections de mi-mandat en novembre 2010, les républicains obtiennent la majorité des sièges à la Chambre des représentants et réduisent la majorité démocrate au Sénat. Parti dans le parti, le Tea Party fait élire un bloc de plus de 35 représentants ainsi que des sénateurs comme Marc Rubio (Floride). Créé en 2009, le Tea Party[1] est un véritable mouvement de masse réunissant des centaines de milliers de personnes en colère. Selon les Tea Party, Obama serait non seulement en train de ruiner les États-Unis, mais, en

---

1. L'acronyme TEA signifie « *Taxed Enough Already* » (déjà suffisamment imposés).

outre, il dirigerait une vaste conspiration dont le but est d'imposer le socialisme au pays !

Au Congrès, un autre porte-parole de la droite dure, John Boenher, est désigné président de la Chambre des représentants. Chose plus importante, les républicains prennent le contrôle des comités. Le libertarien Ron Paul est nommé président du comité des allocations budgétaires. Paul Ryan, un représentant du Wisconsin, soutenu par le Tea Party, préside le tout-puissant comité du budget. En réalité, les républicains contrôlent l'échéancier politique du pays, car dans le système politique états-unien, le parti qui contrôle la Chambre des représentants détient le pouvoir sur le budget et, par conséquent, tient le président à sa merci. Cette domination est quasi complète du fait qu'au sénat, où les républicains n'ont pas la majorité, la députation démocrate est plutôt conservatrice.

Avec cette victoire, les républicains se figurent être le parti qui gouverne et se comportent comme une administration en attente de sa prochaine victoire électorale. À la reprise des travaux parlementaires, au nom des républicains, Paul Ryan présente un nouveau plan de relance, *A Pledge to America,* un document qui adopte un langage quasi religieux. Il invoque les « vérités permanentes » et les « valeurs fondatrices » de la nation. Il revient sur la nécessité de laisser le « libre marché » régir l'économie et condamne les mesures mises de l'avant par Obama dans le cadre du programme TARP, qui vise à sauver les banques, aider les États à reconstruire leurs infrastructures de transport et, en fin de compte, restructurer le système capitaliste afin de surmonter la crise. La nation américaine, affirme Ryan, doit rester à l'avant-garde du capitalisme. Elle est fondée sur la valeur de la liberté de commerce et d'entreprise, laquelle consacre la liberté de l'individu. « Nous, les républicains, déclare-t-il, sommes les seuls défenseurs des vraies valeurs américaines. » Pour mettre en action de tels principes, les républicains proposent une série de mesures dans la lignée des thèses de Friedrich Hayek :

- Éliminer l'emprise gouvernementale sur le système de santé ; supprimer Medicaid et Medicare.
- Opérer des coupes dans les dépenses et réduire la taille du gouvernement.
- Enrayer les hausses d'impôts puis les baisser – des impôts trop « lourds » constitueraient des obstacles à la création d'emplois.
- Mettre fin au TARP et à toute aide comme celle accordée par l'État fédéral à General Motors, qui serait en fait une nationalisation.
- Réduire de 30 % les programmes fédéraux d'assistance sociale.
- Privatiser Fannie Mae (Federal National Mortgage Association) et Freddie Mac (Federal Home Loan Mortgage Corporation), deux institutions fédérales dont les mandats sont de financer et de refinancer les hypothèques et de permettre aux gens à faible revenu d'accéder à la propriété domiciliaire grâce à des prêts hypothécaires à faibles taux d'intérêt.

L'ennemi n'est donc pas le « libre marché » ni les banques, mais les gouvernements, surtout les gouvernements interventionnistes. Sur le plan symbolique, la proposition de Paul Ryan joue sur deux registres épineux : celui des impôts (par définition illégitimes), et celui du «gros» gouvernement (par définition condamnable). Avec le travail de sape des médias de masse de droite, les Américains pensent effectivement qu'ils sont les gens les plus imposés au monde. En réalité, selon l'OCDE, en 2009, les prélèvements fiscaux sont en moyenne de 24 % aux États-Unis contre 31 % au Canada[1].

En concentrant le débat sur les impôts, la proposition républicaine occulte les autres problèmes. Par exemple, l'état lamentable des infrastructures de transport n'est même pas évoqué, alors que la situation est dramatique. Puisque ces infrastructures ont presque toutes été construites dans les années 1950, 60 % des routes et des ponts devraient être remis en état. Autre exemple : les républicains ne disent pas comment (et encore moins pourquoi) l'industrie automobile devrait être rescapée. L'enjeu est gravissime puisque cela concerne au bas mot un million d'emplois.

Le bras de fer

En juillet 2011, le bras de fer sur la dette polarise le débat sur un autre problème. Sans une augmentation du plafond de la dette, pour la première dans leur histoire, les États-Unis ne pourront plus payer les intérêts de ladite dette. Cela met en péril la crédibilité du pays auprès de leurs partenaires économiques. Le problème est sérieux, car l'endettement atteint des niveaux record.

---

1. Barrie McKenna, « Read our lips : No new taxes », *Globe and Mail*, 30 juillet 2011.

veaux thèmes à connotation religieuse, autoritaire et populiste. Dans ce qui suit, nous allons explorer davantage les racines du dispositif néoconservateur. Par la suite, nous allons nous concentrer sur ses formes contemporaines, particulièrement sur le vaste mouvement social qui est à la fois un révélateur et un catalyseur des grands clivages que l'on observe aujourd'hui aux États-Unis.

Questions d'identité

Le concept de liberté a été défini aux États-Unis pendant la période révolutionnaire de la guerre d'indépendance (de 1775 à 1783). La révolution anticoloniale libère les hommes blancs du joug britannique – les femmes et les Afro-Américains devront attendre ! Les colons originaires du Royaume-Uni et d'autres pays européens luttent contre la domination de Londres. Ils se dressent contre l'Empire britannique lorsque le pouvoir colonial tente d'empêcher les colons de commercer avec le reste du monde. Les colons américains, en particulier les marchands des ports de la Nouvelle-Angleterre, reprochaient à la Grande-Bretagne sa politique commerciale : le trafic de certaines marchandises comme le thé était réservé aux navires britanniques. Dans le but d'atrophier l'économie américaine, les Britanniques en sont venus à interdire à leurs colonies de vendre leurs produits à un autre pays que la Grande-Bretagne. Pour la population des treize colonies, c'est une atteinte inacceptable à leur liberté. Les armes à la main, les colons réussissent à briser le pouvoir impérial. Ils affirment leur liberté individuelle, qu'ils chérissent d'abord et avant tout, contre tout joug ou entrave extérieure.

Pour autant, le concept de liberté promu ne se limite pas à la simple liberté de commercer. Les colons se voient comme des hommes libres, sans entrave, sans contrainte et sans soumission à une autorité gouvernementale omniprésente. Ils sont libres de construire, de produire, de vivre et de se gouverner. L'homme libre s'émancipe des structures sociales antérieures caractérisées par la hiérarchie des classes de l'Empire britannique. L'homme libre est un acteur responsable de son destin. Il vit dans une société où son individualité s'épanouit. C'est cela qu'exprime Jefferson dans la *Déclaration d'indépendance* (1776) : « La vie, la liberté et la poursuite du bonheur. » Le nouveau pouvoir érigé sur les décombres de l'Amérique du Nord britannique, qui comptait vingt colonies avant l'indépendance des treize colonies états-uniennes, a pour fonction de promouvoir la liberté individuelle.

Cependant, la liberté promue adopte une autre signification : celui de l'homme conquérant. L'homme libre a désormais le droit de pénétrer dans les territoires au-delà de la chaîne des Appalaches et de la rivière Mississippi, ce qu'interdisait l'Empire britannique, dans les territoires indiens qu'il va soumettre. L'homme libre est l'homme d'une frontière qui n'en finit plus de se déplacer, d'est en ouest et du nord au sud. Autre trait caractéristique : la liberté de l'homme se manifeste dans l'accumulation matérielle. L'Amérique dispose de richesses sans limites. L'homme libre a désormais accès à ces richesses et la quête de son bonheur passe par leur appropriation.

L'identité américaine paraît contradictoire, étant à la fois libératrice (contre le joug colonial) et prédatrice (l'individu contre la société, la conquête des territoires indiens, mexicains et espagnols ; les tentatives de conquêtes des colonies britanniques qui allaient être réunies pour devenir le Canada). Pour Charles Beard, l'un des premiers historiens américains, cette apparente contradiction n'est pas fortuite, car elle reflète un clivage latent dans les treize colonies qui forgent la nouvelle nation. D'un côté, les agriculteurs et les petits marchands qui forment l'immense majorité de la population. De l'autre, une petite élite qui cherche à remplacer les Britanniques et à perpétuer ses privilèges. Selon Beard, la Constitution exprime davantage les intérêts de cette élite[1].

Cette contradiction rebondit lors des premiers pas du nouvel État. Au moment des débats autour de la Constitution, Jefferson défend l'idée d'un gouvernement décentralisé. Le pouvoir doit être dévolu le plus possible vers les États. Le gouvernement fédéral doit rester faible. Pour Jefferson, l'État fédéral est un gestionnaire et non une entité disposant de pouvoirs omniprésents. Jefferson en fin de compte agit comme porte-parole des « antifédéralistes » qui craignent le pouvoir arbitraire d'un gouvernement central. Il refuse l'idée que ce gouvernement doit prendre les décisions affectant la vie des gens. Il ne doit pas être trop puissant, par exemple en disposant de ressources fiscales trop importantes. Les décentralisateurs et les partisans d'une structure étatique légère comme Jefferson sont populaires. Ils puisent aux sources des idéologies libérales qui foisonnent à l'époque.

Par ailleurs, le débat n'est pas seulement théorique. En 1787 (quatre ans seulement après l'indépendance), Daniel Shays, un pauvre fermier du Massachusetts, devient la figure de proue de la

---

1. Charles Beard, *An Economic Interpretation of the Constitution*, New York, Macmillan, 2000 [1915].

contestation populaire. Cet homme a tout perdu à cause de l'augmentation des impôts sur les propriétés et parce qu'il s'est ruiné pendant la guerre contre l'Empire britannique. Il est furieux, non seulement parce qu'il ne reçoit aucune aide du gouvernement pour reconstruire ses propriétés, mais parce qu'en plus, il est frappé de nouvelles taxes qui, affirme-t-il, vont servir à payer la dette des riches de Boston qui, par « hasard », sont ceux qui siègent au gouvernement ! Shays et d'autres fermiers prennent les armes et attaquent l'arsenal fédéral de Springfield. La milice les disperse en faisant quatre morts. Mais, en fin de compte, la rébellion marque un point. L'État du Massachusetts recule sur la hausse des impôts. Cette lutte devient célèbre dans tout le pays. Encore aujourd'hui, la rébellion de Shays est commémorée aux États-Unis.

L'utopie démocratique

AU XIXe SIÈCLE, la conquête l'Ouest relance l'aspiration à créer une société libérée en grande partie des structures étatiques. Les vastes territoires de l'Ouest sont un espace de liberté sans la contrainte ni pratiquement la présence des appareils d'État, à la condition d'en chasser les nations autochtones. Entretemps apparaissent des communautés autogérées, y compris quelques communautés utopistes libertaires. En Indiana, l'utopiste et socialiste réformiste gallois Robert Owen crée, en 1825, la communauté de « New Harmony », où l'argent et les marchandises sont bannis et où le travail est réparti entre les coopérateurs de façon égalitaire. Jusque dans les années 1850, plusieurs communautés villageoises utopistes sont créées par des sectes chrétiennes millénaristes (comme les Shakers, une branche du protestantisme quaker, en Nouvelle-Angleterre) ou séculières. À Brook Farm, dans le Massachusetts, on applique les idées de Ralph Waldo Emerson et de Henry David Thoreau sur l'autonomie et l'autosuffisance[1].

Michel Guillaume Jean de Crèvecœur, dit J. Hector St John, un observateur français qui voyage aux États-Unis au début du XIXe siècle, souligne que le caractère des jeunes Américains est différent de celui des Européens[2]. Il affirme que les rapports sociaux aux États-Unis sont plus égalitaires. Cette question est traitée plus à fond par Tocqueville dans *De la démocratie en Amérique*[3].

Les libertariens et l'État fort

Avec la guerre civile (1861-1865), l'État se transforme. Le gouvernement fédéral est beaucoup plus important qu'auparavant et dispose désormais d'une panoplie d'outils lui permettant non seulement de réguler la société, mais aussi d'exercer une influence de premier plan sur les gouvernements locaux. La conquête de l'Ouest

1. Le pasteur Emerson (1803-1882) prêche l'anticonformisme et la liberté individuelle. Thoreau (1817-1862) refuse de payer l'impôt et prône la résistance aux abus de l'État.
2. J. Hector St-Jean de Crèvecœur, *Letters From an American Farmer*, American Library, New York, Meador Books, 1963 [1782].
3. Alexis de Tocqueville, *La démocratie en Amérique*, Paris, Flammarion, 1981 [1835 et 1840].

THOREAU : STOPPER LA MACHINE

Il existe des lois injustes : consentirons-nous à leur obéir ? Tenterons-nous de les amender en leur obéissant jusqu'à ce que nous soyons arrivés à nos fins ? Ou les transgresserons-nous tout de suite ? En général, les hommes, sous un gouvernement comme le nôtre, croient de leur devoir d'attendre que la majorité se soit rendue à leurs raisons. Ils croient que s'ils résistaient le remède serait pire que le mal ; mais si le remède se révèle pire que le mal, c'est bien la faute du gouvernement. C'est lui le responsable. Pourquoi n'est-il pas plus disposé à prévoir et à accomplir des réformes ? Pourquoi n'a-t-il pas d'égards pour sa minorité éclairée ? Pourquoi pousse-t-il les hauts cris et se défend-il avant qu'on le touche ? Pourquoi n'encourage-t-il pas les citoyens à rester en alerte pour lui signaler ses erreurs et améliorer ses propres décisions ? Pourquoi crucifie-t-il toujours le Christ – pourquoi excommunie-t-il Copernic et Luther et dénonce-t-il Washington et Franklin comme rebelles ? [...] Si l'injustice est indissociable du frottement nécessaire à la machine gouvernementale, l'affaire est entendue. Il s'atténuera bien à l'usage – la machine finira par s'user, n'en doutons pas. Si l'injustice a un ressort, une poulie, une corde ou une manivelle qui lui est spécialement dévolue, il est peut-être grand temps de se demander si le remède n'est pas pire que le mal ; mais si, de par sa nature, cette machine veut faire de nous l'instrument de l'injustice envers notre prochain, alors je vous le dis, enfreignez la loi. Que votre vie soit un contre-frottement pour stopper la machine. Il faut que je veille, en tout cas, à ne pas me prêter au mal que je condamne.

Extrait de *La désobéissance civile* (1849)

est complétée par l'expropriation et la destruction des nations autochtones. Parallèlement, les structures étatiques prennent le dessus au détriment des communautés. Les petits fermiers et les aventuriers anarchistes sont marginalisés par les grands trusts qui quadrillent le territoire et s'emparent des ressources.

Alors, la montée d'un capitalisme sauvage est fulgurante. Il est dominé par une oligarchie évoluant dans les centres urbains (New York, Boston, Washington, Philadelphie) sous l'égide de puissantes familles (Rockefeller, Vanderbilt, Carnegie, etc.). Cette élite influente tient au libéralisme économique, qui repose sur un conservatisme social déjà bien ancré, qui prêche la soumission et l'individualisme ainsi que le respect de la propriété privée.

Ces transformations se matérialisent sur le terrain politique quand les républicains parviennent au pouvoir. Les Warren Harding, Calvin Coolidge et Herbert Hoover (successivement présidents de 1920 à 1932) portent l'idéologie du laisser-faire à son apogée tout en prônant le respect de l'ordre, ce qui se traduit par une croissance des appareils répressifs et une multiplication des affrontements avec les mouvements sociaux et syndicaux. Durant cette période, la liberté consacre le triomphe de l'argent, une épopée relatée par le romancier Francis Scott Fitzgerald[1]. L'idéologie libertaire mise à mal par ces transformations s'étiole. Au même moment, une partie de ses références est récupérée par l'idéologie dominante qui promeut la liberté économique sans ingérence de l'État. Sous la plume d'Albert Jay Noch, l'idéologie libérale est transformée en vision du monde libertarienne. Dans les pages de sa revue *The Freeman* et à

---

1. Notamment dans son grand roman, *The Great Gatsby* (1925).

travers sa Foundation for Economic Education (Fondation pour l'éducation économique), Noch lance une croisade contre l'État[1].

Bientôt, la situation change. Pendant la Grande Dépression, les républicains et leur idéologie conservatrice sont contestés. En 1932, le démocrate Franklin Delano Roosevelt est élu à la présidence. Avec l'appui de la gauche et des syndicats et l'apport intellectuel de Keynes, il met en place la politique du *New Deal*.

Pour la droite, mais aussi pour les libertariens, c'est la catastrophe. Leur discours anti-Roosevelt est très agressif. Pour Noch, la monstruosité étatique prend le dessus. Autour des grands capitalistes comme John Howard Pew (patron d'une puissante entreprise pétrolière, la Sun Oil) et Alfred Sloan (cadre supérieur de General Motors), qui mettent sur pied la Liberty League, se forme une coalition pour combattre et vaincre Roosevelt aux élections de 1936. Malgré cela, Roosevelt gagne haut la main le scrutin. Plus tard, des libertariens seront piégés en étant accusés d'association avec des extrémistes qui tramaient un coup d'État[2]. Ils perdent alors de leur influence.

Pendant la Seconde Guerre mondiale, les libertariens font partie des forces isolationnistes, qui soutiennent que les États-Unis doivent se tenir loin d'une guerre qu'ils qualifient d'« européenne ». Néanmoins, l'opinion finit par basculer, grâce certes à une

---

1. Albert Jay Noch, *Our Enemy the State*, New York, Free Life, 1973 [1935].
2. Brian Doherty, *Radicals for History. A Freewheeling History of the Modern American Libertarian Movement*, New York, New York Public Affairs, 2007.

meilleure connaissance des exactions nazies, mais surtout après l'attaque japonaise de Pearl Harbor (1941). Jusqu'au décès de Roosevelt (1945), les libertariens passent pour une sorte de secte ésotérique aux tentations fascisantes. Durant les années 1950, à l'époque de la présidence de Harry S. Truman, les démocrates sont puissants; ils poursuivent la politique du *New Deal* qui fait en sorte que l'État fédéral règlemente le capitalisme et poursuit le transfert de ressources vers les couches moyennes et populaires. Même les républicains continuent dans cette voie à la suite de l'élection du général Dwight Eisenhower (1952). Les penseurs conservateurs s'éloignent de la philosophie libertarienne jugée extrémiste, vieillotte et intransigeante[1].

Ce n'est que dans les années 1960, après une longue quarantaine, que le mouvement libertarien reprend de la vigueur avec la fondation du Cato Institute financé par la famille Koch (magnats du pétrole dont la fortune est évaluée à 28 milliards de dollars). La famille Koch est bien connue pour ses prises de position très à droite (elle finance également la John Birch Society qui a appuyé le sénateur Joseph McCarthy dans sa croisade anticommuniste contre la gauche et les syndicats). Les libertariens peuvent enfin ressortir au grand jour avec une revue destinée aux élites, le *Journal of Libertarien Studies*, ainsi qu'un hebdomadaire populaire, *Reason*, dirigé par Murray Rothbard, un intellectuel pragmatique qui estime que les libertariens et la droite doivent gagner les couches moyennes et populaires.

---

1. Russell Krik, The *Conservative Mind. From Burke to Eliot*, Washington, Regnery Publishing, 1985.

Le retour du religieux

AU COURS DES ANNÉES 1960, intervient un nouvel élément : la montée des églises évangéliques de droite et même d'extrême droite. Traditionnellement, les Américains sont très religieux. Certes, la Constitution impose une séparation de l'Église et de l'État, mais au moment où apparaissent de grandes divisions dans la société, les évangéliques se lancent à l'assaut des couches populaires, particulièrement dans les États du centre et du sud du pays[1].

Le phénomène prend une nouvelle ampleur avec le retour des républicains au pouvoir grâce à l'élection de Ronald Reagan (1980). Reagan n'est pas lui-même un militant religieux, mais il leur ouvre la porte du pouvoir. Autour de sa présidence, un certain nombre de personnalités du mouvement évangélique acquièrent une influence considérable. C'est le cas de Pat Robertson et de Jerry Fallwell. Le mouvement politico-religieux devient une force avec laquelle il faut désormais compter. D'autre part, les évangéliques accroissent le nombre de leurs membres, recrutant dans un vaste éventail de groupes protestants (baptistes du Sud, méthodistes, *born-again Christians*, etc.).

Sans être des fanatiques religieux, les libertariens ont des atomes crochus avec le mouvement évangélique. Comme lui, ils détestent l'État et le « collectivisme ». Libertariens comme évangéliques voient dans l'État fédéral une institution organisant une vaste conspiration visant à détruire les valeurs américaines

---

1. Noah Feldman, *Divided by God. America's Church and State Problem and What We Should Do About It*, New York, Farrar Strauss, 2005.

dont l'esprit individualiste et la crainte de Dieu. Une grande campagne politique est menée contre le gouvernement fédéral par le biais de puissants réseaux associatifs enracinés dans les communautés semi-rurales du centre et du sud du pays. Il s'attaque aussi aux mouvements progressistes, notamment l'American Civil Liberties Union (promotion des libertés civiques), la National Association for the Advancement of Coloured People (antiracisme), la National Organization for Women (Organisation nationale des femmes) et beaucoup d'autres. Le discours haineux descend en flamme le Parti démocrate et l'ONU[1].

Sous la direction de George W. Bush, le Parti républicain s'aligne officiellement sur cette nouvelle droite. On observe un va-et-vient constant entre les mouvements et les *think tanks* libertariens, les Églises évangéliques et l'administration Bush. Malgré certaines différences idéologiques, cette convergence politique tient le coup. On réussit à former un grand front commun contre le libéralisme philosophique et l'interventionnisme étatique ainsi que contre les démocrates. Lorsqu'Obama gagne le scrutin présidentiel, on assiste à une véritable montée aux barricades de cette droite.

Le «Tea Party» et la montée de l'extrême droite

La droite est alors sur un pied de guerre. Elle lance un appel à la révolte. C'est l'apparition du Tea Party, lequel doit son nom à une référence historique : le Boston Tea Party. Le 16 décembre 1773, quelque 60 Bostoniens,

---

1. Chris Hedges, *American Fascists. The Christian Right and The War on America*, New York, Free Press, 2006.

Drapeau du Tea Party pour une deuxième révolution américaine.

Les Fils de la liberté, ont grimpé à bord de trois navires (le Dartmouth, le Eleanor et le Beaver). Ils ont jeté 342 caisses de thé par-dessus bord. C'était le début de la guerre d'indépendance, de la première révolution américaine. Le Tea Party est l'emblème d'un nouveau mouvement qui affirme la nécessité d'entreprendre une « deuxième révolution » aux États-Unis.

En 2008 et 2009, s'organisent des rassemblements considérables pour condamner les projets d'augmentation de taxes du gouvernement fédéral et combattre les initiatives d'Obama de relance de l'économie grâce à des mesures fiscales incitatives. L'« Obamacare », c'est-à-dire la proposition du président d'élargir l'assurance maladie aux couches les plus pauvres de la population, est également une cible importante du Tea Party, qui bénéficie d'une importante couverture de presse (par Fox News notamment).

Les élections au Congrès de novembre 2010 révèlent l'impact de cette nouvelle droite militante. Presque tous les élus républicains se réclament des idées libertariennes. Plusieurs « étoiles montantes » sont manifestement influencées par le Tea Party, entre autres les sénateurs Rand Paul (Kentucky) et Marc Rubio (Floride). Il y a aussi le nouveau gouverneur du Wisconsin, Scott Walker, qui promet de retirer le droit de négociation aux syndicats du secteur public. Paul se réclame ouvertement du Tea Party :

Nous sommes sur le bord d'un précipice. Est-ce que le Tea Party peut renverser les politiciens partisans du gros gouvernement avant que ces politiciens ne renversent le pays ? Nous savons que les fondateurs du pays ont réfléchi sur la question de la tyrannie. Aujourd'hui, leurs descendants du Tea Party sont debout pour la liberté et sont prêts à se battre. Il est temps d'envoyer un message à Washington. Il est temps de reprendre notre gouvernement. Il est temps de mettre en branle une deuxième révolution américaine[1].

Le *Gadsden Flag* du Tea Party et sa devise libertarienne : « Ne me marche pas dessus »

De telles déclarations de la part de partisans du Tea Party visent à donner une légitimité historique au mouvement. Le Tea Party se définit comme le mouvement des nouveaux patriotes. Il recrute ses militants principalement dans les couches populaires et moyennes. Ils sont très majoritairement blancs et relativement âgés (cinquante-cinq ans et plus).

Ces militants sont souvent des gens qui ont perdu leurs maisons et leurs emplois pendant la crise de 2008. Ce sont également de petits entrepreneurs qui ont subi les contrecoups de la crise. Leur confiance dans le rêve américain est fragilisée. Ils sont convaincus que leurs enfants n'auront pas accès aux bénéfices qu'espéraient des générations précédentes. Paradoxalement, le message est qu'il faut laisser la « main invisible » du marché régler le problème. Plus concrètement, il faut réduire la taille de

---

1. Rand Paul, *The Tea Party Goes to Washington*, Nashville, Centre Street, 2011.

> Nombre d'entre nous savions instinctivement que le plan de sauvetage était une mauvaise chose. Pour que le capitalisme fonctionne, nous comprenions qu'il fallait être capable d'engranger les profits de ses prises de risques, mais aussi d'accepter la possibilité de perdre sa mise. Nous avons tous un voisin, nous avons tous entendu parler de quelqu'un qui vit au-dessus de ses moyens, pendant trop longtemps. Et nous nous demandons pourquoi nous sommes obligés de payer pour lui.
>
> Extrait du Manifeste du Tea Party[1]

l'État, imposer la rigueur budgétaire et accélérer le libre-échange.

Le Tea Party n'est pas un mouvement centralisé, mais une constellation de plusieurs centaines de groupements locaux agissant de manière autonome. C'est un phénomène plus culturel qu'organisationnel. Il n'y a pas de dirigeants élus, bien que des personnalités y occupent une place prépondérante, grâce à leur couverture médiatique – c'est le cas de Sarah Palin, ex-candidate à la vice-présidence. Il fonctionne à partir de différents regroupements liés les uns aux autres : Tea Party Patriots, Americans for Prosperity, FreedomWorks, National Tea Party Coalition et d'autres nébuleuses opérant sans hiérarchie formelle. Le financement de ces groupes et de leurs activités dépend d'un formidable appareil de mobilisation de fonds, mais aussi de quelques magnats de l'industrie et de la finance (les frères Koch notamment).

---

1. Cité par Thomas Frank, « La droite américaine a détourné la colère populaire », *Le Monde diplomatique*, janvier 2012.

La portée du message populiste est décuplée par l'utilisation des symboles de la révolution américaine, de laquelle émergent les grands thèmes fondateurs de la nation, particulièrement l'« exceptionnalisme » américain. Les États-Unis seraient une nation qui n'aurait rien à voir avec les autres nations ; elle serait exceptionnelle[1]. Concurremment aux références au passé, le Tea Party utilise à profusion l'idée de conspiration. Derrière l'État fédéral, la bureaucratie et les puissants, il y aurait un « ordre du jour caché ». On pointe du doigt quelques grands financiers de Wall Street, comme George Soros, qui seraient, affirme le Tea Party, à l'origine d'une vaste conspiration contre les valeurs américaines. Le complot est aussi bien le fait de l'ONU, des immigrants, des professeurs que des intellectuels gauchistes. Selon cette vision délirante, Obama est un communiste ou un hitlérien (le discours du Tea Party ne faisant pas la différence puisque le trait commun aux deux systèmes politiques serait le totalitarisme).

Une odeur de fascisme

Il y a de nombreux traits communs entre l'idéologie du Tea Party et celle du fascisme, bien que l'on ne puisse pas assimiler le Tea Party au fascisme. Le fascisme est mouvement politique de masse s'appuyant sur un État fort, centralisé et interventionniste, exaltant le sentiment nationaliste et raciste, persécutant les organisations du mouvement ouvrier, rejetant les institutions démocratiques et libérales, réprimant toute

---

1. Voir Seymour Martin Lipset, *American Exceptionalism. A Double Edged Sword*, New York, W. W. Norton & Co., 1996.

forme d'opposition et exerçant un contrôle politique rigoureux sur la société civile. Le Tea Party est certes un mouvement de masse contre l'État fort et interventionniste et contre le libéralisme culturel. Néanmoins, il n'en tente pas moins de briser le mouvement syndical et d'autres mouvements sociaux, exalte un nationalisme outrancier et rétrograde, cherche à exercer un contrôle sur l'éducation, etc. Il partage donc certains traits avec le fascisme. En outre, selon Adorno, le fascisme est également une idéologie qui s'enracine dans ce qu'il appelle la « personnalité autoritaire[1] ». Cette personnalité impose sa volonté et développe un penchant et des comportements antidémocratiques. L'autorité doit être non partagée et les principes ne sont pas discutables. Ces personnes ne cherchent pas à dialoguer, car immédiatement elles renvoient aux dogmes. Il s'agit d'être conforme et non de comprendre ou d'approuver. Ce type de personnalité a donc toujours raison et considère que l'autre conspire pour détruire les dogmes promus. Ce qui contraste avec la « personnalité ouverte », qui écoute les autres, cherche le consensus et le compromis. Cette compréhension du fascisme comme pouvoir autoritaire et tyrannique proposée par Adorno s'applique dans une large mesure au Tea Party.

Malgré que l'autoritarisme soit fréquent dans l'histoire états-unienne, ses formes actuelles ont pris une ampleur sans précédent, transcendant les petites sectes de l'extrême droite raciste comme le Klu Klux Klan pour s'imposer dans l'un des deux grands pôles de la structure politique du pays.

---

1. Theodor W. Adorno, Else Frenkel-Brunswik, Daniel Levinson et Nevitt Sanford, *The Authoritarian Personality*, New York, Harper and Row, 1950.

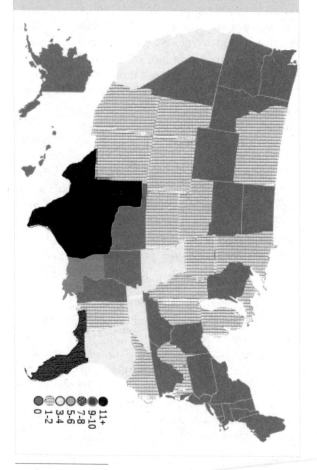

Carte III
Répartition par État des élus républicains
au Congrès liés au Tea Party (2012)[1]

1. Source : *Le Tea Party selon Arte*, < www.paperblog.fr/58899
71/le-tea-party-selon-ar te/ >.

Les nouveaux républicains

À LA SUITE des élections de 2010, 242 républicains et 193 démocrates siègent à la Chambre des représentants. La majorité de ces républicains partage les grands principes mis de l'avant par le Tea Party, notamment la « responsabilité fiscale » (limiter les dépenses de l'État et ne pas augmenter les impôts), l'« adhésion à la Constitution » (ne rien changer dans cette Constitution y compris sur les questions controversées comme le « droit » aux armes à feu), le « gouvernement aux pouvoirs limités » – laisser aux administrations locales le pouvoir de légiférer dans les domaines les plus importants de la vie publique comme l'éducation, la santé, etc. À l'initiative d'une représentante du Minnesota, Michele Bachmann, le « caucus » du Tea Party à la Chambre compte 62 élus et a pignon sur rue.

Cette situation modifie en profondeur le paysage politique. L'influence de la droite extrême est désormais au cœur du processus. Le Parti républicain, qui depuis longtemps se situe à droite de l'échiquier politique, n'est plus le même parti. Au conservatisme économique s'ajoutent de « nouveaux conservatismes » : politique, social, culturel et religieux. Certes, tous au sein de la famille républicaine ne sont pas d'accord avec cette orientation (nous verrons plus tard comment la victoire d'Obama aux élections de novembre 2012 accentue les clivages). Des « réformateurs » républicains comme David Frum, Ross Doutat et Peggy Noonan estiment que le virage extrémiste de droite empêche le retour des républicains à la Maison-Blanche et isole ce parti de secteurs de la société qui constituent une majorité démographique : les hispanophones, les Afro-Américains et les femmes. On verra dans les prochains mois comment cela va se jouer sous le deuxième mandat d'Obama. Déjà, les alignements politiques semblent définitifs. Par exemple, la droite a annoncé qu'elle bloquerait plusieurs projets du président, dont celui de remettre en place des éléments législatifs limitant la liberté des institutions financières de se règlementer elles-mêmes. Pour les ultras du Tea Party et leurs alliés, incluant John Boehner (le président de la Chambre), il n'est pas question de laisser passer quoique ce soit à Obama. On peut prévoir que le bras de fer va se poursuivre.

Une guerre culturelle

Bref, dans le contexte actuel, la droite dure a l'as-cendant. En plus d'être présents à la Chambre, les partisans du Tea Party sont très actifs dans la société, à travers un réseau dense d'associations, de médias, d'églises évangéliques, de *think tanks*, de groupes d'intérêts, qui pratiquent, selon le chroniqueur con-servateur David Brooks, une véritable « guerre cultu-relle[1] ». Pour le philosophe Slavoj Žižek, la montée du Tea Party atteste du déclin de l'Empire améri-cain[2]. Elle traduit le désarroi croissant des couches populaires et moyennes qui ne peuvent plus croire au « rêve » américain. Plus encore, le grand mythe américain se dégonfle parce que la situation objective n'est plus la même. Les changements sur le plan de la culture et de l'opinion, sans être de simples « reflets »

---

1. David Brooks, « Darkness at dusk », *New York Times*, 11 novembre 2008.
2. Slavoj Žižek, *Living in the End Times*, London, Verso, 2011.

des transformations matérielles, n'en reposent pas moins sur une formation sociale qui a été, tout au long des siècles précédents, bien structurée et cohérente, mais qui, aujourd'hui, est instable. Peut-on dire pour autant que le « déclin » de l'Empire est irréversible ? Rien n'est moins sûr.

Chapitre 4

Luttes de classes *made in USA*

> *This land is your land, this land is my land*
> *From California, to the New York Island*
> *From the redwood forest to the gulf stream waters*
> *This land was made for you and me.*
> Woody Guthrie[1].

DANS LE CHAPITRE précédent, nous avons constaté la progression du mouvement social et politique de droite. Sans exagération ni pessimisme, il faut constater que ce mouvement a gagné, en partie au moins, la « bataille des idées ». Il exerce une influence croissante sur un terrain politique où, de

---

1. Traduction de l'auteur : « Cette terre est la tienne, cette terre est la mienne, de la Californie à l'île de New York, des forêts de pins rouges jusqu'aux eaux du Gulf Stream, cette terre a été faite pour toi et pour moi. » Woody Guthrie (1912-1967) a été le chansonnier des luttes populaires aux États-Unis dans les années de la dépression et de la guerre. Il a été victime de la répression maccarthyste. Dans les années 1960, il a inspiré une grande partie de la nouvelle génération des artistes engagés dans le mouvement des droits civiques et contre la guerre au Viêt-nam.

plus en plus, la principale polarisation n'est pas celle opposant la droite à la gauche, mais celle opposant la droite à la droite extrême! Ce n'est pas très rassurant. Est-ce la fin de l'histoire, comme d'aucuns le prétendent? Ceux qui connaissent les États-Unis savent que les classes populaires résistent et qu'elles sont aptes à faire basculer les choses, comme elles l'ont fait à plusieurs reprises dans le passé.

Racines

Contrairement à la légende, la gauche est très active aux États-Unis. Bien que la gauche ait toujours été idéologiquement et politiquement minoritaire, elle a été malgré tout présente tout au long des phases importantes de l'histoire du pays[1]. La vision favorable à l'égalité sociale ou, du moins, à la justice sociale fait son apparition dès le début du XIXe siècle dans la jeune République. Avec développement des grandes villes, des associations de travailleurs sont créées pour réclamer de meilleures conditions de travail et des augmentations de salaire. Un Parti des travailleurs est fondé à New York en 1829. Il publie la *Déclaration d'indépendance des travailleurs*, une vive critique de la *Déclaration d'indépendance* de 1776[2]. En 1848, 168 femmes et 32 hommes se réunissent à Seneca Falls, dans l'État de New York, pour former le premier mouvement pour les droits des femmes.

---

1. Sur l'histoire de la gauche aux États-Unis, voir Howard Zinn, *Histoire populaire des États-Unis*, Montréal, Lux, 2004.
2. « The Working Man's Declaration of Independence », dans Philip S. Foner, *We, the Other People. Alternative Declarations of Independence by Labor Groups, Farmers, Woman's Rights Advocates, Socialists, and Blacks 1829-1975*, Chicago, University of Illinois Press, 1976.

Sous l'impulsion de pionnières comme Lucretia Mott, Elizabeth Cady Stanton et Susan B. Anthony, elles écrivent une célèbre déclaration pour les droits des femmes[1]. La situation n'est pas facile pour les mouvements contestataires. Tandis qu'un capitalisme dynamique envahit tous les pores de la société, la classe dominante a recours au racisme (contre les Noirs) et à l'impérialisme (conquête des territoires autochtones et mexicains). Les choses s'accélèrent au moment de la guerre civile qui oppose le Nord au Sud. Au Sud sévit une oligarchie exploitant le travail de quatre millions d'esclaves. Cette atroce guerre

LE CHEMIN DE L'ÉMANCIPATION AUX ÉTATS-UNIS

Aux États-Unis, tout mouvement ouvrier indépendant resta paralysé tant que l'esclavage souillait une partie de la République. L'ouvrier blanc ne saurait s'émanciper là où l'ouvrier noir est stigmatisé. Mais la mort de l'esclavage fit éclore une vie nouvelle. Le premier fruit de la guerre civile fut l'agitation des huit heures. [...] Le Congrès général des ouvriers de Baltimore, le 16 août 1866, déclare : « Ce qu'il faut revendiquer tout d'abord pour soustraire le travail de notre pays à l'esclavage capitaliste, c'est une loi qui fixe à huit heures pour tous les États de l'Union la journée de travail normale. »

Karl Marx[2]

---

1. « Declaration of Sentiments and Resolutions. Women Rights Convention, July, 1848 », dans Foner, *op. cit.*
2. Karl Marx et Abraham Lincoln, *Une révolution inachevée. Sécession, guerre civile, esclavage et émancipation aux États-Unis*, Ville Mont-Royal et Paris, M éditeur et Syllepse, 2012, p. 205.

civile (500 000 morts) représente, explique Marx, une lutte sans merci entre deux systèmes sociaux. Dirigeant de l'Association internationale des travailleurs (la Première Internationale), Marx mobilise les mouvements ouvriers et socialistes européens pour la République, contre les esclavagistes.

Après la fin de la guerre civile, le capitalisme accélère son expansion. La société s'urbanise, s'industrialise et se prolétarise. Surgit alors, en 1869, une première grande organisation ouvrière, les Chevaliers du travail (*Noble and Holy Order of the Knights of Labor*). De grandes luttes caractérisent l'époque, entre autres la lutte pour réduire le nombre d'heures de travail. Le 1er mai 1886, 340 000 travailleurs déclenchent une grève générale dans le but de réduire la semaine de travail. À Chicago, la grève se prolonge dans certaines entreprises et, le 3 mai 1886, la répression d'une manifestation fait trois morts parmi les grévistes. Le lendemain a lieu une marche de protestation. Dans la soirée, à la fin de la manifestation, une bombe explose. À la suite de cet attentat, cinq syndicalistes sont condamnés à mort et quatre sont pendus. Malgré la répression, des centaines de milliers de travailleurs obtiennent la journée de huit heures. En 1886, les syndicats créent la Fédération américaine du travail (AFL) et, plus à gauche, des éléments radicaux se regroupent en 1905 dans les Industrial Workers of the World (IWW). En 1901, un syndicaliste connu, Eugene V. Debs, qui a été emprisonné pour fait de grève, participe à la formation du Parti socialiste d'Amérique, dont il est, à plusieurs reprises, le candidat à l'élection présidentielle.

Dans les années 1920 et 1930, une vague de grèves sans précédent ébranle le pays. Les conditions

Grève avec occupation à l'usine GM, à Flint, en 1937

sont extrêmement difficiles. Malgré tout, les syndicats militants, avec l'appui du Parti communiste des États-Unis d'Amérique (PCUSA) et du Socialist Workers Party (trotskiste), forment en 1938 le Congrès des organisations industrielles (CIO). Des grèves importantes éclatent ici et là pendant que les ouvriers de l'automobile occupent leurs usines à Détroit, à Flint et ailleurs.

Peu à peu, l'ambiance change. Le *New Deal* constitue une sorte de pacte avec le mouvement ouvrier. La gauche accepte ce « grand compromis ». Pour contrebalancer les pouvoirs des employeurs, Roosevelt souhaite que les salariéEs rejoignent un syndicat. Les taux de syndicalisation augmentent rapidement : ils passent de 9 % en 1930 à plus de 33 % en 1940 dans l'industrie manufacturière, et de 51 % en 1930 à plus de 75 % en 1940 dans les industries minières. Les conditions de travail s'améliorent. En échange, les

syndicats acceptent l'intégration de leur action dans
le cadre étatique et s'engagent à la modérer les actions
de masse. La gauche a désormais accès aux médias
et devient « acceptable », d'autant plus que dans le
contexte de la Deuxième Guerre mondiale, l'Union
soviétique est désormais alliée aux États-Unis contre
le fascisme. Cet élan de la gauche est brisé au tournant des années 1950 alors que la « guerre froide »
relance la chasse aux syndicalistes, aux socialistes, aux
anarchistes, aux communistes et aux autres esprits
critiques de l'époque, notamment dans le domaine
culturel et artistique. Une longue période d'hiberna-
tion s'en suit même si la bataille des idées continue,
mais le plus souvent en marge des institutions et des
organisations reconnues.

Le retour de la lutte

Pendant que la gauche subit une répression féroce –
certains parlent même d'anéantissement –, l'expansion
capitaliste transforme le paysage des relations raciales
dans le pays. On assiste à une forte émigration de
travailleurs agricoles noirs, qui tentent de trouver du
travail dans les usines des États du nord, où ils vont
être confrontés à un régime de discrimination raciale,
lequel subsiste depuis la guerre civile et l'échec de la
Reconstruction radicale[1]. Jusqu'à la veille de la Première Guerre mondiale, 90 % des NoirEs vivaient
dans le Sud. En 1950, cette proportion était réduite
à 68 % ; cette diminution s'est poursuivie dans les
années suivantes. En 1960, 38 % des Noirs étaient
des ouvriers d'industrie, 32 % travaillaient dans les

1. Voir Peter Camejo, *Racism, Revolution and Reaction, 1861-
    1877*, New York, Monad Press, 1976.

services et seulement 8 % dans le secteur agricole. Dans le Sud, la ségrégation raciale régnait.

Contre cette discrimination émerge dans les années 1960 l'un des plus grands mouvements des droits civiques de l'histoire. Des milliers, puis des dizaines et des centaines de milliers de Noirs, mais aussi des Blancs, malgré les matraques et les fusils, manifestent dans les rues du pays. La revendication de l'égalité raciale ébranle la société. Une nouvelle radicalité se manifeste à partir des combats épiques menés par les Rosa Parks[1], Martin Luther King, Malcom X, Angela Davis et les Black Panthers qui organisent dans les ghettos des groupes d'autodéfense, ce qui terrifie l'establishment.

La grande révolte des Afro-Américains secoue l'ensemble du dispositif du pouvoir social et politique des États-Unis. Peu à peu, les germes d'une contestation de l'ordre établi éclosent chez les jeunes. Au-delà de leur mécontentement dû à leur condition étudiante, ces jeunes adoptent la cause de la lutte contre la guerre au Viêt-nam où l'impérialisme américain s'enlise. Une des principales organisations étudiantes, *Students for a Democratic Society* (SDS), adopte des positions radicales qui sont alimentées par des intellectuels critiques ainsi que par différents mouvements culturels. Cette « nouvelle » gauche sans complexes n'a pas peur de prendre ses distances avec les organisations traditionnelles de la

---

1. Un boycottage des bus a été déclenché par le refus de Rosa Parks de céder, le 1er décembre 1955, le siège qu'elle occupait dans un autobus à un passager blanc. Ce refus a donné une impulsion au mouvement pour les droits civiques. Voir, entre autres, Ahmed Shawki, *Black and Red. Les mouvements noirs et la gauche aux États-Unis, 1850-2010*, Ville Mont-Royal et Paris, M éditeur et Syllepse, 2012, p. 151 et suivantes.

gauche et avec le soi-disant « modèle soviétique ». Elle renoue avec les thèmes libertaires et féministes des périodes précédentes et déploie son influence dans plusieurs sphères de la société. Les étudiantEs manifestent, délégitimant la guerre, ce qui aide grandement le peuple vietnamien à faire subir à l'impérialisme américain sa première grande défaite politique et militaire. La guerre a été perdue non seulement sur les champs de bataille, mais également aux États-Unis, grâce à la mobilisation du mouvement pour la paix qui domine sur les campus et dans les milieux « libéraux ».

Malgré les luttes de masses et les tentatives de réorganiser la gauche, les mouvements contestataires ne réussissent pas à secouer véritablement le système politique bipartisan qui polarise les forces entre les partis républicain et démocrate. En réalité, depuis la période du *New Deal,* la gauche se retrouve surtout dans l'orbite du Parti démocrate. Dans les années 1960, le débat resurgit avec l'irruption des jeunes et des Afro-Américains qui cherchent une solution de rechange. Les syndicats pèsent de tout leur (lourd) poids pour que l'action politique soit canalisée dans l'élection de candidats démocrates. Le discours promeut des arguments « réalistes » : il faut savoir faire des compromis, faire face aux « réalités » pour pouvoir obtenir petit à petit des changements. Une partie importante de la jeunesse refuse ce discours et l'adhésion au « moins mauvais des deux partis ». Une minorité s'engage dans la construction de partis de gauche, qui sont pour la plupart éphémères et rapidement marginalisés. La majorité s'investit dans les mouvements sociaux comme les organisations « de base » (*rank and file organisations*), les organisations communautaires et l'action associative. Cela se traduit par une distanciation voire une méfiance à l'égard de la politique que les militantEs considèrent comme un système totalement pourri, irrécupérable[1]. Un mouvement politique écologiste prend forme. Une coordination de différents partis écologistes régionaux apparaît dès 1984 avec la création des Comités verts de correspondance (*Green Committees of Correspondance*). En 2001, ils fondent le Parti vert (*Green Party of the United States*).

Au tournant du nouveau millénaire, les mouvements sociaux se remettent en branle sous la forme d'une coalition hétéroclite rassemblée autour de l'«antimondialisation». «*Teamsters and Turtles, together at last[2]!*» En 1999, des syndicalistes (teamsters) et des environnementalistes (tortues) s'unissent et réussissent à bloquer pendant quelques heures le Sommet international de l'Organisation mondiale du commerce à Seattle. Ce qui ne s'est jamais vu dans l'histoire des sommets des «grands» de ce monde. De 40 000 à 50 000 personnes participent aux manifestations. Le discours critique des mouvements sociaux rencontre les sentiments et met des mots sur les craintes des nombreuses personnes victimes des transformations induites par une mondialisation néolibérale débridée, qui anéantit, dans une conjoncture où le syndicalisme a été fortement affaibli[3], une

---

1. Noam Chomsky est la grande référence de ce «grand refus» de l'action politique et *Z Magazine* en est l'organe intellectuel.
2. «Camionneurs et tortues, enfin rassemblés!»
3. Moins de 12 % des travailleurs et des travailleuses sont syndiquéEs, contre un tiers jusque dans les années 1960. Le pourcentage est beaucoup plus bas dans le secteur privé, y compris dans les grands secteurs industriels (comme l'auto-

partie importante du secteur industriel. Des couches
« moyennes » déclassées se reconnaissent dans cette
critique de la mondialisation, mais elles restent relativement atones du point de vue politique, ce qui
n'est pas le cas de celles séduites par ce que propose la
droite populiste.

À l'approche des élections présidentielles de 2000,
la tension est palpable. Les avancées indéniables
de la droite et de l'extrême droite font réfléchir les
intellectuelLEs de gauche et les mouvements sociaux.
Certes, l'extrémisme de George W. Bush enflamme
une partie de l'opinion, d'où de grandes manifestations
contre la guerre en Irak à partir de 2003. Toutefois, le
mouvement antiguerre sort difficilement des campus.
Les liens sont distendus avec les autres mouvements
sociaux, notamment le mouvement syndical très
durement affecté par l'offensive néolibérale et néoconservatrice. Des tentatives pour recoller les mor-
ceaux sont entreprises dans le cadre du Forum social
des États-Unis qui réussit à regrouper plusieurs milliers de personnes à Atlanta (2007) et à Détroit
(2010), à l'initiative de plusieurs réseaux, dont celui
de *Global Justice* (qui réunit des syndicats de gauche
et des organisations communautaires).

Le discours est certes contestataire, mais quelle est
la solution de remplacement si ce n'est continuer à
résister ? Devant l'imminence de l'élection présidentielle, une nouvelle convergence politique se noue

---

mobile) où les syndicats sont de plus en plus rares avec la
délocalisation des usines dans le sud du pays. Voir Nicole
M. Aschoff, « Travail, capital et restructuration de l'industrie
automobile aux États-Unis », dans Leo Panitch, Greg Albo
et Vivek Chibber (dir.), *La crise et la gauche*, Ville Mont-
Royal, M éditeur, 2012, p. 107-134.

en faveur du candidat démocrate Barak Obama. Les
syndicats et une grande partie du mouvement communautaire afro-américain se mobilisent pour lui.
Même la gauche extra-parlementaire se rallie autour
de cette personnalité qui tient un discours différent,
plus critique que celui de ces prédécesseurs et que les
autres candidatEs. On en est là quand Obama est élu
à la présidence au moment de la plus grande crise
économique depuis 1929!

Occupy Wall Street

EN PHASE avec les élites économiques et politiques du
pays, Obama choisit de gérer cette crise de la manière
la plus traditionnelle qui soit. Cependant, sa marge
de manœuvre est restreinte compte tenu de la puissance de la droite, surtout après sa victoire-revanche
aux élections parlementaires de 2010. Cette évolution déstabilise les mouvements qui ont milité pour
l'élection d'Obama. Rapidement, les intellectuelLEs
de gauche montent au créneau pour dénoncer l'aban-
don des promesses de changement et la capitulation
devant l'establishment. Même les alliés-clés d'Obama
comme les mouvements afro-américains et les membres du *Black Caucus* au Congrès prennent leurs distances avec le président. Créé en 1971, ce Caucus noir
regroupe les élus afro-américains au Congrès. Bien
qu'officiellement non partisan, le Caucus noir est
proche du Parti démocrate. Plusieurs de ses membres
sont liés aux mouvements sociaux et à la gauche.

C'est alors qu'une action en apparence anodine
prend tout le monde par surprise. Des jeunes et des
moins jeunes occupent le parc Zuccotti à proximité
de Wall Street, le centre du capitalisme financier

mondial (où est située la plus importante bourse du monde, le *New York Stock Exchange*). Ils sont quelques dizaines, puis quelques centaines. Ils décident d'installer un campement permanent. Le mouvement est inédit. Il n'y a ni chef ni message officiel. Les mouvements et les organisations sympathisantes (syndicats, groupes de gauche, etc.) sont présents, mais de façon discrète. Les prises de paroles sont organisées de manière à éviter toute focalisation non seulement sur les « personnalités », mais également sur un « programme » ou même sur une liste de revendications. La couverture médiatique est au départ relativement sympathique, car l'opinion publique est sensible au discours inclusif qui met l'accent sur les besoins des 99 % de la population et met le doigt sur l'immense escroquerie de Wall Street. La magie des médias sociaux répand le message à une échelle gigantesque. Bientôt, des manifestations éclatent dans 200

Nous ne voulons pas des boulots de merde. Nous ne voulons pas voter pour des politiciens qui nous promettent de changer les choses. Nous ne voulons pas épuiser notre énergie à essayer d'amender la Constitution. Nous ne voulons pas édicter de nouvelles règles à Wall Street. Nous ne croyons pas que nous pouvons « ébranler le système » du simple fait d'être ensemble. Le 1 % contrôle la richesse de la société. Nous avons besoin de nous la réapproprier et de la transformer en nous la réappropriant. [...] Tout est possible.

Oakland Commune[1]

---

1. *Corporate Greed is the Wrong Target*, 10 octobre 2011, < www. bayofrage.com/from-the-bay/greedunityviolenc/ >.

villes dont plusieurs centaines voient l'établissement de campements qui fonctionnent sans aucune structure ni hiérarchie, mais qui se coordonnent via Internet, non seulement aux États-Unis, mais en Europe, au Moyen-Orient et au Canada.

Nouveau départ?

Il est encore tôt pour tirer une conclusion sur le mouvement *Occupy*. Pour certains, c'est un mouvement un peu désespéré, une espèce de Tea Party de gauche, ambigu, radical, mais peu cohérent! Les sceptiques constatent que les occupations se sont dissoutes assez rapidement lorsque l'opinion publique s'est lassée et que la police est venue faire le « ménage ». Cette critique est cependant contestée. Pour Antonio Negri et Michael Hardt, *Occupy* est un mouvement « antimouvement », une mouvance difficile à cerner, mais qui porte un projet. Ce projet, affirment-ils, c'est une autre forme de démocratie qui révèle les fractures irréparables de la démocratie représentative et du système politique[1]. Dans cette optique, *Occupy* sonnerait le réveil de la lutte en passant outre les barrières habituelles. Ni le système (Obama, le Parti démocrate, les grands syndicats), ni la galaxie de la gauche radicale – toujours aussi bien intentionnée, mais toujours aussi marginalisée – ne pourraient l'instrumentaliser. Ce qui ressort du mouvement *Occupy*, c'est la façon de procéder (les assemblées populaires, la multitude des formes de communication et de prises de parole, la recherche du consensus, etc.) d'où émerge une quête

---

1. Antonio Negri et Michael Hardt, « The fight for "real democracy" at the heart of the Occupy Wall Street », *Foreign Affairs*, octobre 2011.

Occupy Wall Street, manifestation à New York

profonde et légitime pour une nouvelle démocratie plus directe, plus consensuelle, plus inclusive.

Au bout du compte, même les plus sceptiques admettent qu'*Occupy* a rallumé la mèche de la contestation et de la lutte. Il a régénéré le mouvement social. Il a également mis en lumière que le capitalisme était LE problème. Conclure qu'*Occupy* peut constituer un nouveau pôle serait cependant aller trop vite en besogne. Le plus probable est que la méthode du consensus démocratique et de l'action de masse va faire son chemin. On l'observe dans toutes sortes de mobilisations, comme la lutte contre les évictions (*National People's Action*), et par la mise sur pied d'autres réseaux contestataires comme *Campaign for the Future of America* et *American Dream Movement*.

Slavoj Žižek évoque l'essor de tels mouvements « hors-norme » un peu partout dans le monde, de l'Argentine à l'Égypte en passant par l'Espagne et les États-Unis. Les couches populaires disloquées par la crise et désorganisées du fait du déclin des organisations traditionnelles de la gauche et des mouvements sociaux reconstituent leur identité. Elles prennent la parole sans demander la permission à personne. Elles se structurent d'une manière originale et créent leurs réseaux. Certes, tout ce travail ne donne pas nécessairement des résultats immédiats. Toute proportion gardée, dans un sens, c'est ce que la droite a réalisé à partir des années 1980. Son aile libertarienne a travaillé longtemps dans l'ombre. Puis elle a gagné plusieurs grandes batailles d'idées et réorganisé l'ordre du jour politique.

Est-ce qu'une évolution de cette ampleur est possible dans le cas de la gauche ?

« Ne pas » avoir de revendications n'est pas un manque, mais une assertion contradictoire de son propre pouvoir et de sa propre force. Trop faible pour pouvoir même essayer d'obtenir quelque chose de ceux qui dominent la vie professionnelle, et simultanément assez fort pour pouvoir accomplir l'appropriation directe de sa propre âme, de son propre temps, de sa propre activité, en dehors de la représentation. Une telle lutte « ne revendique pas de droit particulier, parce qu'on ne lui a pas fait de tort particulier, mais un tort en soi ». Ce « tort en soi » est la structure impersonnelle de l'exploitation au cœur de notre système économique – la vente forcée de son temps et de son activité à un autre en échange d'un salaire – qui ne sera jamais dépassée par aucun changement particulier, mais seulement par un changement total.

Q. Libet[1]

1. *Prémonitions – sur les occupations aux États-Unis*, 29 octobre 2011, < http://juralib.noblogs.org/?s=Premonitions >.

Chapitre 5

L'Empire, l'hégémonie et la guerre sans fin

DANS les précédents chapitres, nous avons examiné certains des graves problèmes de la société américaine : affaiblissement du mouvement syndical, éparpillement des mouvements sociaux, aggravation des écarts sociaux, montée d'un puissant mouvement populiste de droite, délitement de la gouvernance, etc. Ce n'est pas la première fois qu'une crise de cette ampleur éclate aux États-Unis. Aujourd'hui, cependant, surgit un autre facteur. Traditionnellement sûr de lui, l'Empire américain vacille. En dépit de son indéniable supériorité sur le plan militaro-industriel, il a subi des échecs. Il est contesté par ses alliés et par de nouvelles puissances qui mettent à mal sa supériorité économique et technologique. *L'American way of life*, le symbole de cette suprématie, popularisée à l'échelle planétaire par Hollywood, est désormais compromis en tant que mode de vie. C'est sur ces interactions complexes et conflictuelles que nous consacrons notre attention.

L'ascension de l'Empire

La fragilité actuelle de l'Empire américain est flagrante. Pourtant, il n'y a pas si longtemps, les États-Unis dominaient le monde.

À la fin de la Deuxième Guerre mondiale, un nouvel ordre mondial se met en place à la suite de la défaite des pays de l'Axe Berlin-Rome-Tōkyō. La grande puissance du XIXᵉ siècle, la Grande-Bretagne, est désormais très diminuée. Son empire colonial se disloque ; l'Inde, le « joyau de la Couronne », acquiert son indépendance. L'économie britannique est fragilisée ; le pays dépend économiquement des États-Unis[1]. L'autre empire européen, la France, est en faillite. Les colonies françaises (dont le Viêt-nam et l'Algérie) combattent pour leur indépendance. Dans ce qu'on appelle le tiers-monde, des luttes de libération nationale déclenchent un mouvement irréversible qui verra les grands empires coloniaux disparaître[2]. Les Nasser, N'Krumah, Nehru, Hô Chi Minh et Sukarno deviennent des joueurs de premier plan sur la scène politique mondiale. Ils osent affirmer leur indépendance des empires coloniaux. De son côté, l'URSS est forte de sa victoire militaire sur les nazis. Son prestige est considérable. Toutefois, c'est un pays dévasté. Elle ne fait donc pas le poids devant les États-Unis.

---

1. À cause du système du « *cash and carry* » – littéralement, payer comptant une fois les marchandises reçues –, les réserves financières britanniques se sont épuisées pour payer le matériel de guerre, l'essence et la nourriture importés des États-Unis, dont une importante partie n'a jamais atteint le pays à cause des navires coulés dans l'Atlantique Nord.
2. Voir à ce sujet, Donny Gluckstein, *A People's History of the Second World War. Resistance Versus Empire*, London, Pluto Press, 2012.

Pour l'Empire américain, l'heure de la domination sans partage est arrivée. Cet Empire est déjà redoutable dans les Amériques – c'est sa chasse gardée depuis l'énonciation de la doctrine Monroe en 1854. À l'échelle mondiale, il dispose d'une indéniable supériorité économique, militaire et technologique. Au sortir de la guerre, sa priorité est de sécuriser le périmètre européen. La présence de ses troupes en Europe occidentale se combine avec une reconstruction sous le parapluie du Plan Marshall, lequel vise non seulement à reconstruire les infrastructures économiques, mais aussi à rétablir une gouvernance politique capable de faire échec à la montée de la gauche tout en se démarquant des anciennes droites, qui sont largement discréditées. En même temps, avec la Belgique, le Canada, la France, le Luxembourg, les Pays-Bas et le Royaume-Uni, les États-Unis fondent l'Organisation du traité de l'Atlantique Nord (OTAN), ce qui permet au commandement américain de contrôler l'ensemble du dispositif militaire occidental. La stabilisation de l'Europe a paradoxalement été facilitée par l'URSS quand a été mis en place le plan de partage du monde en zones d'influence qui a été négocié à Yalta et à Postdam par Churchill, Roosevelt et Staline.

La Guerre froide

Si l'Europe est stabilisée, ce n'est pas le cas de l'Asie. La révolution chinoise change la donne. Malgré les efforts des États-Unis, un quart de l'humanité sort de l'orbite du capitalisme mondial. Bientôt, des insurrections éclatent en Indonésie, aux Philippines et au Viêt-nam. Le président élu en 1945,

Harry Truman, déclare la Guerre froide et annonce de nouveaux efforts pour perpétuer la domination des États-Unis dans le monde. À cause des sévères pénuries de biens de consommation et de l'inflation, le président est aux prises avec le retour des conflits sociaux, lesquels avaient été mis en sommeil durant la guerre. Les grandes industries connaissent une vague de grèves. L'influence des syndicats est sévèrement circonscrite par la loi Taft-Hartley qui limite le droit de grève, interdit le *closed shop*[1] et oblige les dirigeants syndicaux de prêter serment de non-communisme.

La Guerre froide n'est pas un fait relevant que de la politique étrangère. En 1949, Truman qualifie de « traîtres » les dirigeants communistes et trotskistes américains accusés par son administration dans le cadre du Smith Act[2]. C'est sous son administration qu'est déclenchée une grande offensive contre les mouvements sociaux, la gauche, les intellectuels et les artistes. Le sénateur Joseph McCarthy mène la chasse aux sorcières aux « communistes », en fait, aux progressistes. Des fonctionnaires et des scientifiques sont chassés de leur emploi et persécutés. Des professeurs d'université et des artistes sont inscrits sur des listes noires, ce qui les empêche de travailler. Les mouvements sociaux, notamment les syndicats, sont « purgés » de leurs éléments gauchistes. On est à des années-lumière du *New Deal* de Roosevelt.

---

1. Ou « monopole d'embauche », c'est-à-dire un système où l'employeur ne peut embaucher que des salariés syndiqués.
2. Ou *Alien Registration Act* de 1940. Cette loi rendait illégale toute action visant le renversement du gouvernement et obligeait tout résident américain étranger à s'inscrire auprès des autorités. Cette loi a permis d'inculper et d'emprisonner des militants anarchistes, communistes et trotskistes.

En même temps, les États-Unis se font le gendarme du monde. Ils s'opposent vigoureusement à l'avancée des mouvements de libération nationale, même ceux qui ne sont pas dans l'orbite de l'URSS. Dans les Amériques, ils appuient les dictatures des militaires et des oligarques qui pratiquent une sorte d'apartheid social contre leurs propres peuples. Lorsque l'opposition est trop forte, ils orchestrent des coups d'État pour renverser des gouvernements élus de centre gauche, comme c'est le cas au Guatemala (1954), en République dominicaine (1965) et ailleurs. En Afrique, les États-Unis participent à l'élimination des nationalistes « radicaux » (comme le Congolais Patrice Lumumba). Malgré quelques réticences, les États-Unis appuient des régimes coloniaux ou semi-coloniaux qui se prétendent alliés de l'« Occident libre » dans la « lutte contre le communisme mondial » (comme le régime de l'apartheid en Afrique du Sud). Les décideurs états-uniens pensent que tout changement représente inévitablement une menace pour le capitalisme mondial et, par conséquent, pour l'hégémonie de leur Empire.

Le 20 janvier 1953, Dwight Eisenhower est assermenté comme président des États-Unis. Cet ancien commandant en chef des forces alliées lors de la dernière phase de la guerre contre l'Allemagne nazie mettra en garde ses compatriotes, à la fin de son deuxième mandat, contre ce qu'il qualifie de « complexe militaro-industriel[1] », c'est-à-dire contre l'avènement d'une industrie de défense permanente sur le territoire national qui influence profondément les pouvoirs publics à

---

1. *Discours du président américain sur le complexe militaro-industriel*, < http://perspective.usherbrooke.ca/bilan/servlet/BMDictionnaire?iddictionnaire=1846 >.

son profit. Toutefois, au sein de son administration, la
tendance est à l'accentuation des conflits. Les faucons
se regroupent derrière les deux frères Dulles : John
(secrétaire au département d'État) et Allan (directeur
du nouveau service de renseignement, la *Central Intel-
ligence Agency* ou CIA). Ils estiment qu'il faut accentuer le conflit avec le « communisme international »,
c'est-à-dire avec l'URSS, la Chine, les mouvements
sociaux et la gauche aux États-Unis ainsi que les mouvements de libération nationale du tiers-monde.

De 1950 à 1953, le monde assiste à un affrontement de grande envergure en Corée, à un effroyable
bain de sang – des millions de victimes coréennes et
40 000 soldats américains tués. Le résultat de cette
guerre est un sordide match nul : ni les États-Unis et ses
alliés sous le drapeau de l'ONU, ni l'alliance Corée du
Nord-Chine-URSS n'ont été en mesure de l'emporter.
L'establishment américain était divisé sur la façon de
mener la guerre. Le général Douglas MacArthur sou-
haitait frapper la Mandchourie avec une bombe ato-
mique. Comme le risque de mondialisation du conflit
était très important, Eisenhower s'y était opposé.

Après la guerre de Corée, la situation se stabilise
temporairement. Les États-Unis n'interviennent pas
en faveur de l'insurrection ouvrière hongroise de 1956
– ce pays fait partie de la zone d'influence soviétique
selon les accords passés à Yalta et à Postdam. Lors
d'une des (nombreuses) guerres au Moyen-Orient, de
concert avec l'URSS, les États-Unis obligent Israël et
ses alliés britanniques et français à se retirer du canal
de Suez, en Égypte. Cette action militaire israélo-
franco-britannique de 1956 était justifiée par la res-
titution aux actionnaires du canal de Suez qui venait
d'être nationalisé par Gamal Abdel Nasser.

La Guerre froide semble moins froide, mais rien n'est fondamentalement réglé.

Défaites

Les conflits se multiplient. Les États-Unis s'opposent à l'URSS à Berlin alors que les Soviétiques tentent d'isoler la métropole de la trizone britannique, française et américaine en Allemagne de l'Ouest. À 180 kilomètres de la Floride, les révolutionnaires cubains chassent le dictateur proaméricain Fulgencio Batista. Une réforme agraire porte atteinte aux intérêts économiques états-uniens et des accords commerciaux sont conclus avec l'URSS dès février 1960, si bien que les relations diplomatiques entre Washington et La Havane sont rompues en janvier 1961. Les États-Unis tentent, sans succès, d'éliminer le régime de Fidel Castro au moyen d'une invasion militaire de Cuba par des exilés cubains en avril 1961. En 1962, sous la présidence de John F. Kennedy, une crise éclate alors que des missiles soviétiques sont en voie d'être déployés à Cuba. Finalement, l'URSS recule, mais la présence d'un État qui se proclame socialiste dans le pré carré états-unien est insupportable aux yeux de l'establishment américain.

Le pire est toutefois à venir. Après l'assassinat de Kennedy (1963), l'intervention militaire américaine s'aggrave au Viêt-nam. Très rapidement, 500 000 soldats s'enlisent dans les rizières du pays. Dans les grandes villes américaines, des jeunes par dizaines, puis par centaines de milliers manifestent pour protester contre la guerre. Sous la direction de Martin Luther King, le grand mouvement pour les droits civiques, qui conteste la discrimination raciale, s'allie

à l'opposition antimilitariste. En 1968, Luther King
est assassiné et les ghettos afro-américains se révoltent.
Au même moment, au Viêt-nam, la guérilla occupe
l'ambassade américaine à Saïgon (l'offensive du Têt
par les forces combinées du Front national de libération du Sud Viêt-nam, ou Viêtcong, et de l'Armée
populaire Vietnamienne). C'est le début de la fin et,
en 1975, les États-Unis opèrent une évacuation hon-
teuse pendant que les forces commandées par le Parti
communiste mettent fin à la guerre. Cette défaite a
un effet dévastateur aux États-Unis.

Peu après, la débandade continue. Une révolution
totalement imprévisible éclate en Iran en 1979, ren-
versant le régime impérial du dictateur proaméricain
de la dynastie Pahlavi. En Afrique, des mouvements
de libération s'emparent du pouvoir en Angola, au
Mozambique et en Guinée-Bissau. Ils sont hostiles
aux alliés des États-Unis comme le régime de l'apartheid de l'Afrique du Sud. Avec l'aide de ces nouveaux
pays indépendants, la lutte est relancée en Afrique
du Sud, là où les intérêts économiques et géopoli-
tiques des États-Unis sont considérables. Une révolution éclate dans un petit État d'Amérique centrale, le
Nicaragua, mené depuis des décennies par une dic-
tature sans foi ni loi soutenue par les États-Unis. Ce
qui engendre d'autres luttes révolutionnaires victo-
rieuses, entre autres au Salvador et à Grenade. La
défaite au Viêt-nam a décomposé l'armée américaine
qui doit être reconstruite. Sa reconstruction empêche
l'Empire d'intervenir directement contre les révolutions et les luttes de libération nationale pendant plusieurs années.

Néanmoins, le « solide pré carré » de la zone d'influence des États-Unis demeure fermement en place,

notamment en Europe et en Amérique du Sud. Même si les défaites sont enregistrées dans des pays « périphériques », cela inquiète quand même sérieusement l'Empire et ses alliés.

Le virage

LES DÉFAITES au Viêt-nam et ailleurs interpellent du haut jusqu'en bas la société américaine. La psyché de la nation change. Les intellectuelLEs longtemps assoupis remontent au créneau. Les étudiantEs politisent les mouvements sociaux. Le mouvement afro-américain, les initiatives à la base dans le mouvement syndical (« *rank and file movement* ») et d'autres mouvements sociaux engendrent une culture de la contestation qui place les élites sur la défensive. Sur le plan politique, la direction du pays vacille, d'où les valses-hésitations de la présidence de Jimmy Carter (1976-1980). L'establishment veut maintenir le statu quo, tout en sachant qu'il est nécessaire de faire des réformes. On appuie toujours les dictatures, surtout celles qui sont « efficaces », tout en les encourageant à changer de « look ». On voudrait renouveler le multilatéralisme, mais à la condition que les alliés-subalternes acceptent de fonctionner dans un cadre commandé par les États-Unis. C'est la quadrature du cercle…

Et les résultats sont négatifs. Peu à peu émerge l'idée au sein des élites qu'une grande restructuration est nécessaire, à la fois pour remodeler les rapports de forces internes et repositionner les États-Unis dans le monde. Cette idée se cristallise sous la présidence de Ronald Reagan, qui est élu une première fois en 1980. Le synchronisme est relativement favorable.

À l'intérieur des États-Unis, les mouvements coalisés par la lutte pour les droits civiques et par l'opposition à la guerre sont incapables de percer sur le plan politique : c'est notamment l'échec de la tentative de Jessie Jackson d'être candidat à la présidence pour le Parti démocrate. Le mouvement syndical commence à être sérieusement affaibli par l'impact des politiques néolibérales déjà amorcées par les administrations précédentes. Pour la droite, l'alignement des astres à l'extérieur des États-Unis est encore plus intéressant. L'Union soviétique stagne sur le plan économique sous le poids de la corruption du Parti-État. Les nouveaux alliés du tiers-monde coûtent cher, surtout en Afghanistan, où le régime prosoviétique bat de l'aile. En Asie, la concurrence entre la Chine et l'URSS épuise le Viêt-nam qui s'enlise, en 1978, dans une invasion très coûteuse du Cambodge (à cette époque, le Kampuchéa démocratique), suivie par une guerre qui l'oppose à la Chine en 1979. Les États-Unis profitent de ces contradictions pour relancer la Guerre froide.

D'une part, Washington lance une nouvelle course aux armements, laquelle est ruineuse pour l'URSS. Une nouvelle génération de missiles à plusieurs ogives nucléaires est installée en Europe, ce qui force les Soviétiques à investir eux-mêmes dans une opération similaire très coûteuse. D'autre part, un effort systématique et concerté permet aux États-Unis de constituer une grande alliance pour détruire le régime afghan allié aux Soviétiques. Cette convergence réunit les États de la région comme l'Arabie saoudite, le Pakistan et même la Chine, mais aussi la « galaxie » des mouvements jihadistes d'un bout à l'autre du monde arabe et musulman. Les jihadistes recrutent des milliers de volontaires qui sont équipés d'armes sophistiquées (avec, par exemple, des lance-missiles sol-air Stinger) et bien encadrés grâce à un vaste dispositif mis en place dans les pays avoisinants. Des guerres sales «de basse intensité» déstabilisent d'autres États «récalcitrants» comme le Nicaragua, l'Éthiopie et l'Angola. Ce type de guerre a l'avantage de ne pas impliquer directement les forces militaires américaines à l'exception des conseillers dits spéciaux[1]. Enfin, sur le plan idéologique, ces interventions armées sont présentées comme des «guerres humanitaires», dont l'objectif est de «sauver des vies» et «protéger les droits de la personne».

La chute du bloc soviétique

Sentant que le vent tourne, les dirigeants soviétiques amorcent des réformes aussi bien sur le plan intérieur que dans leurs rapports avec les États de l'Europe centrale et orientale ainsi qu'avec le reste du monde. L'arrivée au pouvoir de Mikhaïl Gorbatchev – il est nommé le 11 mars 1985 secrétaire général du comité central du Parti communiste de l'Union soviétique – et la mise en place de la *glasnost* et de la *perestroïka* enclenchent un mouvement de réformes politiques et économiques, mais c'est trop peu trop tard. Malgré le retrait des forces soviétiques de l'Afghanistan et les tentatives de diminuer la tension avec les États-Unis, la Guerre froide se poursuit de plus belle. Les

---

1. Le gouvernement Reagan n'hésite pas à violer les lois du pays pour mener ces guerres. Ainsi, le financement de la Contra – le mouvement contre-révolutionnaire de lutte armée au Nicaragua – tire son origine non seulement de la vente illégale d'armes à l'Iran, un ennemi avoué des États-Unis, mais aussi d'un trafic de drogue.

États-Unis envahissent l'île de la Grenade en 1983
et la République du Panama en 1989. Ils réussissent
à déstabiliser le régime sandiniste qui perd les élections de 1989. En Europe de l'Est, les régimes alliés
de l'URSS tombent les uns après les autres et amorcent une transition capitaliste. En 1991, c'est l'URSS
elle-même qui implose à la suite du putsch raté des
tenants de la ligne « dure » dans le Parti communiste.
C'est le knock-out de l'« Empire du mal » (« *Evil
Empire* »).

À Washington, le président George H. W. Bush
de même que l'establishment politique et intellectuel
voient l'occasion qui se présente d'intervenir militairement contre un ancien allié turbulent, grâce aux
frasques de Saddam Hussein qui lance son armée à
l'assaut du Koweït. Longtemps allié des États-Unis
(contre un ennemi commun, l'Iran), l'Irak est faci-
lement défait par une coalition armée commandée
par les États-Unis, qui refusent cependant d'aller
jusqu'au renversement du régime, le laissant libre de
réprimer férocement les Kurdes et les chiites. Cette
guerre éclair impressionne par les prouesses technologiques de l'armée américaine. Une autre occasion
surgit quand la Yougoslavie est démembrée. Comme
les gouvernements européens sont divisés sur l'at-
titude à prendre, les États-Unis, sous le drapeau de
l'OTAN, en profitent pour contrôler la situation. Sur
leur lancée, ils consolident leurs gains politiques en
intégrant dans l'OTAN plusieurs États de l'Europe
de l'Est comme la Pologne, la Hongrie et les pays
baltes. La Russie se retrouve encerclée par ses anciens
satellites qui opèrent sous commandement américain. L'opération d'encerclement se poursuit en Asie
centrale, où d'anciennes Républiques soviétiques

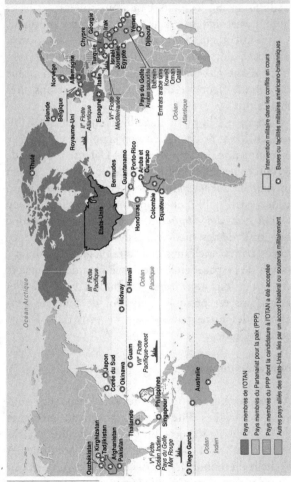

Carte IV
LES ÉTATS-UNIS PARTOUT DANS LE MONDE[1]

1. Philippe Rekacewicz, juin 2003, <www.monde-diplomati-que.fr/cartes/empireamericain>.

deviennent indépendantes, entre autres dans l'espoir
de profiter de leurs richesses énergétiques. De graves
conflits éclatent au Kazakhstan, en Ouzbékistan et au
Tadjikistan, où les États-Unis construisent des bases
militaires et signent des accords de défense mutuelle.
Le politicologue états-unien, Francis Fukuyama,
proclame alors la « fin de l'histoire » avec l'établissement d'une *Pax americana* capitaliste sur l'ensemble
du monde, laquelle devrait régner longtemps, très
longtemps.

L'arrivée à la présidence du démocrate Bill Clinton, en 1994, ne change en rien la politique impériale
états-unienne. Le ministère de la Défense propose de
renforcer les capacités militaires de façon à être en
mesure de mener plusieurs guerres simultanément.
L'idée est d'établir une supériorité militaire absolue
(« *Full spectrum dominance* »), tant dans le domaine
des armes de destruction massive et de haute technologie (armes nucléaires et bactériologiques, militarisation de l'espace, etc.) que sur le plan de la capacité
d'occuper des territoires. Le budget militaire des
États-Unis est presque équivalent de celui de l'ensemble des autres pays, y compris ceux de la Russie
et de la Chine.

Nouveau débat

AU TOURNANT du millénaire s'enclenche un nouveau débat. Les élites sont relativement satisfaites
de la gouvernance de Clinton qui a profité par ailleurs d'une embellie sur le plan économique. À
l'échelle du monde, les États-Unis sont dans une position de force. Dans les Amériques, le projet d'imposer à l'Amérique du Sud l'intégration dans le giron

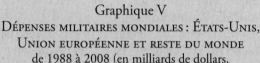

Graphique V
DÉPENSES MILITAIRES MONDIALES : ÉTATS-UNIS,
UNION EUROPÉENNE ET RESTE DU MONDE
de 1988 à 2008 (en milliards de dollars,
aux prix et taux de change de 2005)[1]

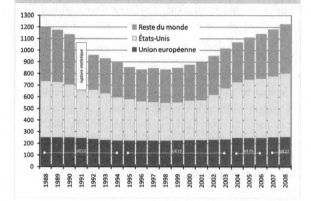

états-unien avec la Zone de libre-échange des Amériques (ZLÉA) est accepté par les gouvernements néolibéraux de l'hémisphère. En Europe, la crise des Balkans et les soubresauts de l'ex-URSS font que les rangs se resserrent autour de la perspective atlantiste (c'est-à-dire proaméricaine). En Asie, la montée économique de la Chine semble se faire en symbiose avec les intérêts et les capitaux états-uniens. Enfin, au Moyen-Orient, les États-Unis dominent en exerçant une pression constante sur l'Irak et sur l'Iran, ce qui,

---

1. Source : GRIP, sur la base de SIPRI Military Expenditure Database, < http://milexdata.sipri.org/ >.
   Note : rupture statistique en 1991, en raison de l'absence d'estimation fiable pour la Russie.

pratiquement, force les autres pays à se soumettre aux volontés de Washington.

La *Pax americana* semble se porter à merveille. Néanmoins s'accumulent les signes avant-coureurs d'une crise, puisque le fondement de la prospérité est dans une large mesure factice, construit sur l'endettement et la spéculation. Les crises économiques et financières, qui se succèdent à partir des années 1990 en Asie, en Amérique latine et en Russie, montrent que la croissance économique au moyen de bulles spéculatives a atteint ses limites. Sur le plan géopolitique et militaire, il y a là aussi des signes avant-coureurs qu'une révolte est en gestation contre l'impérialisme américain, au Moyen-Orient certes, mais aussi, dans une moindre mesure, en Asie. C'est à partir de ces points de tension qu'émerge un projet alternatif à celui de Clinton et de son présumé successeur, Al Gore.

La vision des néoconservateurs

Pour reprendre le pouvoir, la droite néoconservatrice prépare une offensive sur plusieurs terrains, dont celui de l'avenir de l'Empire. À l'initiative de penseurs de la nouvelle droite comme William Kristol[1], James Barnes et Paul Wolfowitz, le *think tank Project for a New American Century* est à l'œuvre depuis 1997 pour élaborer une nouvelle stratégie[2]. Les États-Unis doivent accélérer – et non réduire – leurs efforts pour maintenir l'hégémonie. Parce que les États-Unis sont l'« hyperpuissance », il y a, affirment-ils, la possibilité de s'assurer que tous ses adversaires et concurrents

---

1. Il a été l'éditeur d'un hebdomadaire qui est la matrice de la pensée de droite, le *Weekly Standard*.

2. < www.newamericancentury.org/>.

réels ou potentiels sont affaiblis, voire mis dans une position subalterne. Il n'est donc pas suffisant, selon les néoconservateurs, que les États-Unis « gèrent » les contradictions à leur avantage. Ils doivent être pro-actifs, agir de manière préventive en s'assurant qu'aucun État ni aucune force ne peuvent représenter une menace à leur hégémonie, ni maintenant, ni dans un avenir prévisible.

Les répercussions de la proposition des néoconservateurs seraient considérables :

- Il s'agit de démanteler la Russie déjà diminuée depuis l'implosion de l'URSS, en la fractionnant en trois ou en quatre parties. Il faut également éliminer son influence une fois pour toutes sur sa périphérie proche (l'Ukraine et les républiques d'Asie centrale).
- Il s'agit d'affaiblir la Chine, de l'empêcher d'acquérir trop d'influence en Asie et d'accélérer son programme de réarmement.
- Il faut garder un contrôle étroit sur les alliés subalternes de l'Union européenne (UE), faire en sorte que les nouveaux adhérents à l'UE d'Europe centrale, qui sont très proches des États-Unis, empêchent l'Allemagne et la France de développer une politique européenne autonome.
- Il faut consolider le contrôle direct sur les États disposant de ressources énergétiques, qui sont situés surtout au Moyen-Orient. Il s'agit d'éliminer les « intermédiaires » ombrageux comme les régimes dictatoriaux et nationalistes (particulièrement Saddam Hussein).
- Il faut sécuriser le « périmètre » des Amériques, du nord au sud, avec des États militarisés prêts

à agir en tant que relais – comme la Colombie,
où un accord préparé en secret permet l'accès des
forces américaines à sept bases militaires[1].

Au-delà des objectifs énoncés par le *Project for
a New American Century*, la vision néoconservatrice repose sur les hypothèses élaborées par le politicologue de droite Samuel Huntingdon – un ancien
expert de la contre-insurrection au Viêt-nam pour
l'administration Lyndon Johnson – pour expliquer
l'avenir du fonctionnement des relations internationales après l'effondrement du bloc soviétique. Il croit
que le « monde libre » doit se préparer à une véritable guerre des civilisations, laquelle oppose l'Occident, mené par les États-Unis, avec les différents
régimes – États et nations – irréversiblement hostiles,
soit la Chine, la Russie, l'Asie, l'Afrique (bref, le reste
du monde)[2], qui est composé de sept autres civilisations antagonistes. Car seul l'Ouest valorise « l'individualisme, le libéralisme, la Constitution, les droits
de la personne, l'égalité, la liberté, le règne de la loi,
la démocratie, le marché libre ». C'est pourquoi l'Occident, c'est-à-dire les États-Unis, doit se préparer
militairement à affronter les civilisations rivales, particulièrement les civilisations islamiste et confucia-
niste. Le « choc des civilisations » est nécessairement
une affaire qui se joue à très long terme. Non seulement l'enjeu est de sauver l'*American way of life,* mais
aussi, sinon surtout, la liberté.

---

1. La Colombie a reçu plus de cinq milliards de dollars d'as-
   sistance américaine, surtout dans le secteur militaire. Voir
   Maurice Lemoine, « *"Basus belli"* en Amérique latine », *Le
   Monde diplomatique*, février 2010.
2. Samuel Huntingdon, *Le choc des civilisations*, Paris, Odile
   Jacob, 2007.

C'est précisément sur la base du programme néoconservateur qu'est assermenté, en janvier 2011, George W. Bush. Son élection est très controversée, à cause des nombreuses irrégularités et du fait qu'il dispose de 550 000 votes de moins à l'échelle nationale que son adversaire démocrate, Al Gore. Il y a donc un moment d'hésitation, mais, à la fin, les élites estiment qu'il ne faut pas déstabiliser l'édifice du pouvoir, même s'ils sont un peu nerveux devant un programme néoconservateur qui promet d'en finir avec les politiques « modérées » de Clinton.

Pendant la première année de son administration, Bush se contente de faire des déclarations d'intention. Il lance l'idée que les États-Unis sont menacés par une crise énergétique, ce qui donne à entendre qu'il faut tenir à l'œil les ressources du Moyen-Orient et également démanteler les protections environnementales qui sont des entraves aux grands projets énergétiques nationaux. Il déclare vouloir mettre fin à l'accord sur la limitation des armes stratégiques offensives avec la Russie, propose le retrait des États-Unis du traité ABM (*Anti-Balistic Missile*) pour permettre le déploiement d'un bouclier antimissile après 2004-2005 sur le territoire américain et annonce le déploiement de nouveaux systèmes de missiles en Europe de l'Est.

La bifurcation

Les évènements du 11 septembre 2001 saisissent l'opinion mondiale, mais ce n'est pas une surprise pour tout le monde. Il ne s'agit pas ici d'une conspiration des élites états-uniennes pour lancer une nouvelle guerre, mais les observateurs et les analystes (y compris ceux de la CIA) savaient qu'il se préparait quelque chose. Les attaques contre l'Empire se multipliaient depuis quelques années. Néanmoins, l'attentat du 11 septembre dépasse de loin les attentats habituels. Le 12 septembre, le président Bush met les cartes sur la table. C'est une occasion, affirme-t-il, d'en finir une fois pour toutes avec les ennemis des États-Unis. On est avec ou contre les États-Unis, il n'y a plus de neutralité possible. Les néoconservateurs, dont le vice-président Dick Cheney et les responsables de la Défense, Donald Rumsfeld et Paul Wolfowitz, se mettent au travail. Ils imposent à leurs subordonnés d'établir un lien entre Al-Qaïda et Saddam Hussein. En outre, ils programment une guerre éclair en Afghanistan en misant sur les milices antigouvernementales armées par les États-Unis et sur la supériorité aérienne américaine.

Dès l'automne de 2001, l'invasion de l'Afghanistan est rondement menée. En même temps, on accélère les préparatifs d'invasion de l'Irak[1]. Le défi est grand – pas tant sur le plan militaire que sur le plan politique. Pendant plusieurs mois, les États-Unis essaient de surmonter les différends entre les pays appelés à participer à l'invasion de l'Irak en démontrant que le régime de Saddam Hussein possède des armes de destruction massive, en conséquence, qu'il représente une menace pour la sécurité mondiale, mais ils n'y parviennent pas, tout simplement parce que ces armes n'existent

---

1. Selon des révélations de l'ancien secrétaire au Trésor, Paul O'Neill, reprises par le journaliste Ronald Suskind (*The Price of Loyalty*, New York, Simon & Schuster, 2004), le Conseil national de sécurité de la Maison-Blanche discutait d'un *Plan pour l'Irak* après Saddam Hussein dès le mois de février 2001, soit quelques semaines après l'arrivée à la présidence de George W. Bush et bien avant l'attentat du 11 septembre.

pas! Les adversaires de l'invasion sont nombreux. On pouvait s'en douter, la Chine et la Russie s'y opposent, de même qu'une majorité de pays du tiers-monde. Ces derniers craignent le précédent que constitue l'invasion d'un État souverain. Il y a aussi les alliés en Europe (notamment l'Allemagne et la France), le Mexique et même le Canada qui refusent de joindre la croisade contre Hussein. Sur le plan diplomatique, le résultat n'est donc pas brillant pour les États-Unis. En février 2003, malgré les intenses pressions des États-Unis, le Conseil de sécurité de l'ONU refuse d'approuver l'invasion. Peu après, en contravention de la Charte de l'ONU, le président Bush déclare que les États-Unis se donnent le droit d'attaquer – avec l'appui de la Grande-Bretagne, de l'Espagne et d'un certain nombre d'États subalternes, dont des pays arabes – l'Irak. En mars, l'armée états-unienne envahit le pays et, après quelques semaines de combat, elle renverse le régime de Saddam Hussein.

Cette intervention change la donne dans la région et dans le monde. D'autant que l'administration américaine ne cache pas son ambition de procéder à une véritable «réingénierie» du Moyen-Orient. L'occupation de l'Irak n'est qu'une première étape devant déboucher sur d'autres conflits (notamment avec l'Iran) et à une sorte de colonisation permanente de la région. Est alors entrepris un vaste déploiement militaire.

Le rêve devenu cauchemar

Au début, l'occupation se met en place sans rencontrer de problèmes. Saddam Hussein était largement discrédité dans la région, dans le monde et même en Irak. La facilité avec laquelle les États-Unis ont détruit

Carte V
LE MOYEN-ORIENT GÉOSTRATÉGIQUE[1]

ses capacités militaires laisse penser que la suite sera aisément gouvernable. Or, rapidement, les contradictions du programme néoconservateur refont surface. L'occupation ne s'attaque pas seulement à l'administration de Saddam Hussein, mais vise à démanteler les institutions irakiennes. Elle aboutit *de facto* à une colonisation pure et simple.

Des responsables états-uniens avaient expliqué qu'il s'agissait là d'une « croisade » du « Bien contre le Mal ». La population irakienne, mais aussi celle de

---

1. Source : < http://mecanoblog.wordpress.com/2009/11/08/ arabie-saoudite-iran-vers-le-debut-d'une-nouvelle-guerre- les-accrochages-se-multiplient-a-la-frontiere-avec-le-yemen/ carte-geostrategique-du-moyen-orient/ >.

plusieurs pays arabes et musulmans, a l'impression d'assister à une répétition de l'histoire moyenâgeuse, à savoir l'époque des croisés, l'époque des pèlerinages armés visant à délivrer les terres saintes des Infidèles mahométans… et à contrôler la principale route commerciale avec l'Asie !

Autre problème impossible à résoudre : la Palestine. Les États-Unis prétendent amener la démocratie dans la région, mais leurs meilleurs alliés, les Israéliens, méprisent les résolutions de l'ONU et les conventions internationales. Malgré les vagues promesses d'enclencher un processus de paix, l'occupation de la Palestine s'aggrave sous le régime du premier ministre Ariel Sharon, lequel est responsable de crimes de guerre – il a joué un rôle actif dans les massacres des camps palestiniens de Sabra et Chatila, en 1982, au Liban. Dans plusieurs pays, l'opinion est survoltée contre l'unilatéralisme de Washington. En février 2003, plus de quinze millions de personnes manifestent dans le monde (dont 200 000 à Montréal) contre la politique guerrière de Bush.

Cependant, le facteur le plus important qui transforme la victoire des États-Unis en un échec est la résistance en Irak même. On observe une convergence entre les différents groupes d'opposants à l'occupation. En leur centre, on retrouve d'anciens militaires irakiens. Bien que leur armée ait été disloquée par l'invasion, ces derniers n'en possèdent pas moins des capacités militaires éprouvées et, surtout, ils profitent de l'appui de la population. Des centaines puis des milliers de soldats américains sont tués. Le conflit s'enlise, les coûts des opérations atteignent des sommets astronomiques. L'Irak n'est pas « réinventé », mais le pays est fragmenté. Incapables de gérer le chaos, les États-Unis entreprennent de négocier avec les insurgés tout en s'assurant qu'aucune force ne peut réellement gouverner le pays.

Les États-Unis laissent derrière eux un Irak divisé selon des clivages communautaires (kurdes, chiites, sunnites, chrétiens), ce qui est une source de conflits permanents. On estime à plus de 500 000 le nombre de victimes de la troisième guerre irakienne. Des millions d'Irakiens prennent le chemin de l'exil.

Pour les États-Unis, cette guerre constitue une catastrophe financière. L'économiste Joseph Stiglitz estime son coût à 3 000 milliards de dollars. En outre, son financement s'effectue au moyen d'emprunts[1]. Cependant, le désastre n'est pas que financier. Les déboires de l'armée montrent les défaillances du dispositif d'occupation. Grâce à leur supériorité technologique, les États-Unis sont en mesure de détruire des forces armées conventionnelles, mais lorsque vient le temps d'occuper le terrain et, plus encore, de transformer les institutions, ils s'avèrent incompétents. La même catastrophe se reproduit en Afghanistan où, après plus de dix ans d'occupation, les États-Unis sont incapables de mettre en place une administration et des forces de sécurité opérationnelles, malgré la présence de 100 000 soldats de l'OTAN auxquels il faut ajouter 110 000 « contractants » de firmes privées, qui sont en fait des mercenaires.

Une victoire à la Pyrrhus ?

À la fin de son deuxième mandat, le président George W. Bush constate l'échec de l'occupation ira-

---

1. Joseph Stiglitz, *Une guerre à trois milliards de dollars*, Paris, Fayard, 2008.

kienne. La résistance aux politiques américaines dans l'« arc des crises », qui s'étend des confins de l'Asie jusqu'à l'Afrique subsaharienne en passant par l'Asie centrale et le Moyen-Orient, s'intensifie. L'Iran a résisté au choc. Les alliés israéliens ne réussissent pas à éradiquer la résistance libanaise[1] ni même la contestation palestinienne. Les jihadistes prolifèrent jusqu'au cœur de la péninsule arabe, pourtant centrale au dispositif stratégique américain. Le Pakistan s'engouffre dans la guerre en Afghanistan et s'avère incapable de contrôler ses propres dissidents. Cependant, tous ne sont pas mécontents de cette dérive.

La Russie dirigée par Vladimir Poutine en profite pour réaffirmer son autorité en mettant fin, d'une part, aux tendances centrifuges au pays – tendances ouvertement appuyées par les néoconservateurs des États-Unis – et, d'autre part, en forçant les États-Unis et l'OTAN à opérer une retraite par rapport à la stratégie d'encerclement envisagé. Une dure bataille politique se déroule en Ukraine pour entraîner le pays dans le giron de l'OTAN, mais la manœuvre échoue. Un conflit militaire éclate en août 2008 en Géorgie, quand le président georgien, Mikheil Saakachvili, un émule des néoconservateurs américains, décide d'envahir l'Abkhazie et l'Ossétie du Sud. Pour cela, il avait mis en place un puissant plan de remilitarisation, faisant grimper le budget de la défense à près d'un milliard d'euros (soit 10 % du produit intérieur brut). L'armée russe intervient massivement et, malgré quelques grincements de dents, les États-Unis décident de ne pas prendre part au conflit.

---

1. Le conflit armé israélo-libanais de 2006 a opposé Israël aux forces armées du Hezbollah et, dans une moindre mesure, à l'armée libanaise.

La Russie rétablit son influence dans le Caucase et en Asie centrale. Elle se rapproche politiquement et militairement de la Chine dans le cadre de l'Organisation de coopération de Shanghai, qui regroupe la Russie, la Chine, le Kazakhstan, le Kirghizistan, le Tadjikistan et l'Ouzbékistan[1]. La « coopération » s'étend à la lutte contre le séparatisme, le terrorisme et l'extrémisme islamique, ainsi que contre l'impérialisme des États-Unis en exigeant entre autres la fermeture des bases américaines dans la région. Née en 2001, cette structure intergouvernementale est un cadre régional embryonnaire de sécurité qui cherche à contrebalancer l'influence de l'OTAN et des États-Unis.

L'autre grand « gagnant » de l'échec des États-Unis est évidemment la Chine. Certes, le contentieux entre la Chine et les États-Unis n'est pas de la même nature que celui qui existe entre la Russie et les États-Unis. La Chine ne représente pas, du moins à court terme, un rival militaire. Toutefois, le bât blesse sur les plans économique et diplomatique. L'ambition des États-Unis est d'empêcher la Chine de devenir hégémonique en Asie. Cela exige de prévenir ou de ralentir la poursuite de l'intégration économique de la région. En conséquence, les États-Unis s'opposent aux tentatives de la Chine et d'autres États (y compris le Japon) de renforcer leurs institutions régionales et les incitent à œuvrer dans l'APEC (*Asia-Pacific Economic Cooperation*) qu'ils dominent, une organisation intergouvernementale qui tente de regrouper les pays des deux côtés du Pacifique. Ils cherchent à conclure des accords bilatéraux de nature économique et militaire avec les États inquiets de la montée en force de la

---

1. Depuis, la Mongolie, l'Iran, le Pakistan et l'Inde ont eu le statut d'observateur.

Chine (le Viêt-nam, les Philippines, la Corée du Sud). Selon le plan du Pentagone, « afin de dissuader de manière crédible leurs éventuels adversaires et d'éviter que ceux-ci n'atteignent leurs objectifs, les États-Unis doivent conserver leur pouvoir de projection dans les zones où notre liberté de circulation et d'action est contestée[1]. » Ce qui renvoie de façon quasi explicite aux mers de Chine méridionale et orientale, ainsi qu'à l'Iran et à la Corée du Nord.

Les États-Unis alimentent une partie de la dissidence chinoise et surveillent de près les foyers de révolte potentiels que sont le Tibet et le Xinjiang. En outre, ils cherchent à développer une relation de proximité avec l'Inde, qu'ils voient comme un rival potentiel de la Chine. Néanmoins, sur presque tous ces fronts, les États-Unis ne réussissent guère à atteindre leurs objectifs. La Chine continue ses avancées, bien que ses problèmes avec les autres États de la région abondent (voir la Carte VI, page 115). Elle diversifie ses relations commerciales et diplomatiques avec l'Afrique et l'Amérique du Sud et pèse de plus en plus lourd dans ces régions. Cela aurait été difficilement possible s'il n'y avait pas eu la débâcle américaine au Moyen-Orient.

Dissidences et frictions dans les Amériques

TOUT AU LONG des deux mandats de l'administration George W. Bush, les guerres au Moyen-Orient monopolisent les ressources et focalisent l'attention des décideurs. Ce qui laisse un espace politique à la périphérie « proche », laquelle en profite, au tournant

---

1. Cité par Michael T. Klare, « Quand le Pentagone met le cap sur le Pacifique », *Le Monde diplomatique*, mars 2012.

des années 2000, pour s'affirmer politiquement, socialement et économiquement avec l'arrivée au pouvoir de différentes formations politiques de gauche et de centre gauche. Luiz Inácio Lula da Silva au Brésil, le couple Kirchner en Argentine et Hugo Chávez au Venezuela, tous, d'une façon ou d'une autre, changent la physionomie de ces pays traditionnellement sous la coupe des États-Unis. Ces États ne se soumettent plus au « consensus de Washington[1] » et tentent d'imposer d'autres politiques de développement. Ils s'autonomisent de la politique extérieure des États-Unis sur un grand nombre de dossiers « chauds » (dont la guerre au Moyen-Orient). Surtout, ils mettent en place des mécanismes alternatifs d'intégration régionale qui visent à plus ou moins long terme à diminuer leur dépendance envers les États-Unis – c'est notamment le cas avec le Marché commun du Sud, le Mercosur, et l'Alliance bolivarienne pour les peuples de notre Amérique – Traité de commerce des peuples, l'ALBA. Les avancées sont certes erratiques, mais réelles, d'autant que presque tous les États de l'hémisphère (sauf la Colombie) se joignent au mouvement. Le projet de la ZLÉA est mort et enterré, bien que les États-Unis et le Canada cherchent à poursuivre le même objectif par des traités de libre-échange bilatéraux, qui n'ont toutefois pas la même portée politique et symbolique.

Sur un autre plan, les manœuvres de déstabilisation politique et militaire des États-Unis ne cessent pas. Le soutien militaire s'accroît en Colombie, un

---

1. Le consensus de Washington est une série de mesures d'austérité (ajustement structurel) appliquées aux économies endettées du Sud par les institutions financières internationales siégeant à Washington (Banque mondiale et Fonds monétaire international), soutenues par le Trésor américain.

régime qui refuse le nouveau projet latino-américain. Washington approfondit ses liens avec les oligarchies latino-américaines du Venezuela, en Amérique centrale et dans les Caraïbes. L'Empire soutient toujours aussi systématiquement les forces hostiles au régime cubain. Les coups d'État au Honduras en 2009 et au Paraguay en 2012 ne sont pas des actes isolés. On note un mouvement global dans toute l'Amérique latine, qui voit les forces politiques de droite, chassées (en partie) du pouvoir, user de tous les moyens que leur permettent leurs innombrables ressources, pour reconquérir le terrain politique perdu au profit du camp progressiste.

Malgré tout, le déclin de l'influence des États-Unis dans les Amériques est réel.

La fin du projet néoconservateur ?

PEU AVANT la fin de la présidence de George W. Bush, Francis Fukuyama – celui-là même qui avait prédit la « fin de l'histoire » et la mise en place d'une *Pax americana* permanente – change son fusil d'épaule et affirme que les politiques néoconservatrices ont été désastreuses[1]. Il faut délaisser, lance-t-il, l'approche militariste, retrouver le chemin de l'internationalisme libéral à la Woodrow Wilson et jouer sur les avantages réels des États-Unis en matière économique et technologique.

C'est à ce moment-là qu'entre en scène Barack Obama. Le nouveau président annonce le retrait des forces militaires de l'Irak, la fermeture du camp de tor-

---

1. Francis Fukuyama, *America at the Crossroads. Democracy, Power, and the Neoconservative Legacy*, New Haven, Yale University Press, 2006.

ture et de détention de Guantánamo et une nouvelle
politique d'ouverture sur le monde. Dans un discours
prononcé au Caire, en Égypte, en juin 2009, Obama,
au nom des États-Unis, tend la main aux Arabes et aux
musulmans. Néanmoins, le président nouvellement
élu continue de considérer le Moyen-Orient comme
une «zone d'intérêts stratégiques» que les États-Unis
doivent contrôler, mais au moyen d'une relation plus
équilibrée avec les alliés régionaux comme l'Égypte,
la Turquie, la Jordanie et l'Arabie saoudite. Les préparatifs de guerre contre l'Iran sont freinés. Obama
marque également ses distances avec le projet néoconservateur à l'endroit des États émergents. Il ressuscite
les pourparlers avec la Russie concernant les points
de tension afin de les diminuer. En conséquence, les
grandes manœuvres dans le Caucase contre la Russie
et sur les marches de ce pays sont stoppées.

Comment « gérer » la Chine ?

Obama tend également une perche à la Chine en lui
proposant un partenariat stratégique. Non seulement
cela assurerait une gestion efficace des relations entre
la Chine et les États-Unis, mais autoriserait également
une certaine influence mutuelle sur le reste du monde.
Néanmoins, les États-Unis continuent de vendre des
armes à Taiwan et à la Corée du Sud. Obama plaide
pour une alliance particulière avec l'Inde ainsi qu'avec
le Japon et l'Australie. Ces deux derniers pays ont des
intérêts qui coïncident avec ceux de l'Empire, entre
autres parce qu'ils craignent la Chine.

À la fin de son premier mandat, Obama fait une
tournée en Asie dans laquelle il évoque la montée de la
puissance maritime de la Chine. Il veut mettre à profit

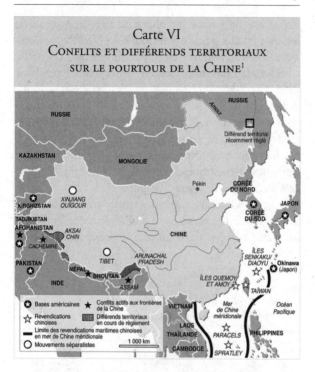

Carte VI

CONFLITS ET DIFFÉRENDS TERRITORIAUX
SUR LE POURTOUR DE LA CHINE[1]

les nombreux conflits territoriaux qui se développent
en mer de Chine avec le Japon, le Viêt-nam, les Philippines[2] pour affaiblir les positions de la Chine. Ce qui
est en jeu, c'est la capacité de la Chine de renforcer ses
liens commerciaux avec le reste du monde. Cela passe
par des voies maritimes fiables sur lesquelles elle veut
exercer sinon un contrôle, du moins une influence.

1. Philippe Rekacewicz, août 2005, <www.monde-diplomati-
    que.fr/cartes/chineconflit>.
2. Voir Barthélémy Courmont, *La tentation de l'Orient. Une
    nouvelle politique américaine en Asie-Pacifique*, Québec, Sep-
    tentrion, 2010.

En réalité, la Chine est encerclée par un anneau de fer. À l'est du pays, on retrouve le *US Pacific Command* (PACOM), qui est le plus important centre de commandement militaire en dehors des États-Unis (325 000 soldats, plus 180 navires et 1 900 avions). À l'ouest, le *Central Command* (CENTCOM), qui couvre l'Asie centrale jusqu'à l'Égypte, avec des troupes en Afghanistan et des bases aériennes au Kyrgyzstan. Il faut prendre en compte aussi les bases militaires états-uniennes en Australie, au Japon, en Nouvelle-Zélande, en Corée du Sud et aux Philippines!

Certes, Obama et l'establishment américain savent que leur affrontement avec la Chine a des limites et on n'envisage pas dans un avenir immédiat une stra-

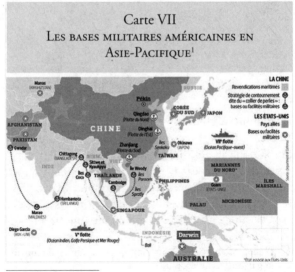

Carte VII
LES BASES MILITAIRES AMÉRICAINES EN ASIE-PACIFIQUE[1]

1. < www.lefigaro.fr/international/2011/11/14/01003-201111 14ARTFIG00694-l-australie-va-accueillir-une-base-ameri-caine.php >.

tégie ranimant les tensions. Il est en effet impensable du point de vue du capitalisme nord-américain d'affaiblir ce qui est véritablement la locomotive de l'économie mondiale, d'autant que la Chine est un créancier important et le plus grand détenteur de la dette publique américaine. Les Chinois ne sont pas sans savoir que le conflit est inévitable. Ils savent que les États-Unis disposent d'une indéniable supériorité militaire et qu'au bout du compte, la force peut être utilisée par Washington pour «discipliner» la Chine[1]. Les relations bilatérales sino-américaines sont marquées à la fois par une dénonciation de l'«hégémonisme américain» et une interdépendance économique croissante.

Transformation de la guerre sans fin

Obama a tiré un bilan négatif de la dérive militariste de Georges W. Bush et des néoconservateurs. Toutefois, sur le fond, il ne peut être question d'abandonner le projet d'hégémonie mondiale. La question est alors: comment restructurer cette suprématie et lui donner un nouvel élan d'une manière qui correspond aux besoins des États-Unis et qui leur permet de faire face aux réalités des nouveaux rapports de force dans le monde?

Le point de vue «réaliste» vise à changer la façon de faire la guerre sans fin. Les opérations du type invasion de grande envergure sont mises de côté. Cela exige de changer les priorités d'intervention militaire en préconisant l'utilisation des nouvelles technologies (les attaques ciblées par des drones, par exemple)

---

1. Andrew J. Nathan et Andrew Scobell, «How China sees America», *Foreign Affairs,* septembre et octobre 2012.

afin de faire la « guerre à distance[1] ». Cette nouvelle
tactique, qui a l'avantage de réduire les coûts[2], est
abondamment utilisée au Moyen-Orient et en Asie
centrale, particulièrement en Afghanistan, au Pakistan, au Yémen, en Irak, en Libye…

L'autre dimension du redéploiement est la frag-
mentation des pays adversaires en entités non seulement plus faciles à gérer, mais susceptibles de se
neutraliser les unes les autres. C'est ce qui est expéri-
menté en Irak depuis que les États-Unis se sont faits
à l'idée qu'ils étaient incapables d'occuper durable-
ment et de restructurer le pays. En sous-traitant et en
armant les différentes factions, l'armée américaine,
sous le commandement du commandant David
Petraeus (promoteur d'une nouvelle stratégie contre-
insurrectionnelle), jouait sur les divisions dans la
société. Paradoxalement, si cette tactique permet de
diminuer l'impact de l'insurrection, il n'en reste pas
moins qu'elle aboutit à faire de l'État irakien une
sorte de constellation de territoires hostiles les uns
aux autres, ce qui interdit toute stabilisation à long
terme. Le but recherché par les stratèges militaires
est d'appliquer cette même recette à la Palestine, au
Liban, au Yémen et à l'Afghanistan. C'est aussi ce qui
est envisagé pour la Syrie, l'Iran et le Pakistan. Cela
permettrait aux États-Unis d'éviter d'autres défaites

---

1. Plus de 3 300 personnes (dont 450 enfants) ont été tuées par
   des frappes réalisées par des drones au Pakistan seulement,
   selon une enquête de l'École de droit de l'Université de Stanford, *Living under Drones : Death, Injury and Trauma to Civi-
   lians from Us Drones Practices in Pakistan*, septembre 2012,
   < http://livingunderdrones.org/report/ >.
2. Les coûts actuels ne sont pas si modestes que cela depuis la
   « réorganisation » opérée par Obama : 48 milliards de dollars
   pour l'Irak et 122 milliards de dollars pour l'Afghanistan.

sans devoir procéder à la grande « réingénierie » désirée, ce qui pourtant avait été considéré comme essentiel pour consolider l'Empire.

Dans les méandres du printemps arabe

Au début de 2011, d'importantes mobilisations des populations renversent des régimes dictatoriaux dans le monde arabe, dont l'Égypte, un pays-clé du dispositif américain dans la région. Les populations qui descendent dans la rue réclament également la fin de la subordination de leurs pays aux États-Unis et à sa politique de guerre sans fin. Les pratiques prédatrices d'Israël contre les Palestiniens sont perçues comme le résultat des politiques mises en œuvre par les États-Unis.

Au début, Washington tergiverse : faut-il soutenir les Moubarak, Ben Ali et les autres dictateurs ? Si on les « lâche », quelles sont les options ? Les soulèvements ont le potentiel de se transformer en révolutions, d'autant que les classes populaires révoltées par la misère et la faim réalisent une jonction avec les couches moyennes et les intellectuels et leurs aspirations démocratiques, couches auxquelles Obama s'était adressé au début de son mandat lors de son passage au Caire. Le problème est sérieux.

La faction « dure » de l'administration, dont la secrétaire d'État, Hillary Clinton, hésite à laisser tomber les dictateurs. Les alliés israéliens insistent pour qu'on ne démantèle pas un système qui s'est montré efficace pour sécuriser les intérêts américains et israéliens dans la région depuis plusieurs décennies. L'arrivée au pouvoir à Tel-Aviv du faucon Benyamin Netanyahu influence les débats. Il insiste pour

déclencher des opérations militaires contre l'Iran
parce que ce pays dispose de capacités militaires et
parce qu'il estime que cela intensifiera les divisions
dans les nations arabes.

À mesure que la crise s'intensifie, le point de vue
« réaliste » s'impose. Les États-Unis cherchent de nouveaux alliés. Ils en trouvent parmi les franges conser-
vatrices du mouvement islamiste, notamment les
Frères musulmans, qui peuvent ainsi accéder au pouvoir. Cependant, contrairement aux dictatures antérieures, les Frères musulmans ne sont pas des larbins.
Ils veulent négocier sur leurs propres bases un nouveau *modus vivendi* avec Washington. On en est là
au moment d'écrire ces lignes. Cependant, une autre
approche est expérimentée en Libye. Contrairement
à l'Égypte ou à la Tunisie, ce n'est pas une insurrection populaire qui renverse le dictateur Mouammar
Kadhafi. L'OTAN participe directement au combat
(au moyen de frappes aériennes), arme et structure
les groupes sur le terrain. L'idée est de sécuriser une
« transition » chaotique avec l'objectif de protéger les
intérêts occidentaux (accès aux ressources) et de ne
pas bousculer l'ordre régional. Désormais, la Libye est
sous la coupe des milices.

En s'alliant avec les différentes factions rebelles
libyennes, Obama abandonne la rhétorique de la
« démocratisation » et des « droits de la personne »,
sachant pertinemment que ces groupes auront tendance à remplacer les régimes répressifs par un pouvoir aussi sinon plus intolérant. Enfin, la nouvelle
stratégie « réaliste » a pour objectif de protéger les
alliés, à commencer par Israël. Après avoir discouru
sur les droits des Palestiniens, Obama abandonne
toute idée de changer la donne. Son administration

Carte VIII
LE BILAN DU PRINTEMPS ARABE[1]

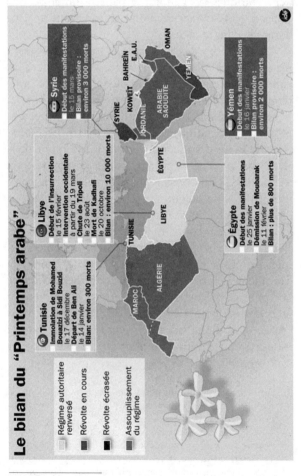

Le bilan du "Printemps arabe"

Légende :
- Régime autoritaire renversé
- Révolte en cours
- Révolte écrasée
- Assouplissement du régime

Tunisie
Immolation de Mohamed Bouazizi à Sidi Bouzid le 17 décembre
Départ de Ben Ali le 14 janvier
Bilan : environ 300 morts

Libye
Début de l'insurrection le 15 février
Intervention occidentale à partir du 19 mars
Chute de Tripoli le 23 août
Mort de Kadhafi le 20 octobre
Bilan : environ 10 000 morts

Syrie
Début des manifestations le 15 mars
Bilan provisoire : environ 3 000 morts

Égypte
Début des manifestations le 25 janvier
Démission de Moubarak le 11 février
Bilan : plus de 800 morts

Yémen
Début des manifestations le 16 janvier
Bilan provisoire : environ 2 000 morts

Pays indiqués sur la carte : MAROC, ALGÉRIE, TUNISIE, LIBYE, ÉGYPTE, SYRIE, JORDANIE, KOWEÏT, ARABIE SAOUDITE, BAHREÏN, E.A.U., OMAN, YÉMEN

---

1. < www.rtl.fr/actualites/info/international/article/la-mort-de-kadhafi-un-avertissement-pour-assad-et-saleh-7728252816 >.

poursuit la même politique qu'auparavant à l'endroit de l'Arabie saoudite et des pétromonarchies du Golfe, à qui elle permet de réprimer sans pitié les aspirations démocratiques des peuples (à Bahreïn notamment[1]) tout en leur confiant de nouvelles fonctions de gendarmerie dans la région[2].

La « gestion » des conflits et la stabilisation espérée ne sont pas des objectifs faciles à réaliser dans un contexte marqué par des turbulences. Avec le printemps arabe, les peuples ont pris goût à la liberté. Il est improbable qu'ils abandonnent la lutte. Les espaces démocratiques fragiles créés dans les interstices de la fin des dictatures sont utilisés pour densifier les mouvements populaires et les réseaux associatifs. D'une certaine manière, il est beaucoup plus difficile de bloquer ce processus que de faire la chasse aux jihadistes. Aussi, la lutte d'émancipation va certainement connaître des rebondissements[3]. Les États-Unis ne sont pas au bout de leur peine alors que des puissances « émergent » dans la région (la Turquie par exemple) et que se tissent des liens avec la Chine, ce qui permet entre autres à l'Iran de tenir le coup. Si, pour certains, le Moyen-Orient peut être le socle d'une *Pax americana* réaffirmée dans le monde, pour d'autres, au contraire, il peut s'avérer son tombeau.

---

1. Après trois semaines de fortes mobilisations populaires, la famille royale du Bahreïm fait intervenir l'armée, avec l'appui de troupes saoudiennes et émirates.
2. Voir Alain Gresh, « Les islamistes à l'épreuve du pouvoir », *Le Monde diplomatique,* novembre 2012.
3. En Amérique du Sud, la chute des dictatures a permis l'incubation d'un nouveau mouvement populaire qui a pris près de vingt ans avant d'atteindre sa maturité et changer la donne du pouvoir.

Empire en déclin?

INDÉNIABLEMENT, les États-Unis sont sur la touche. Seulement, ils restent extrêmement puissants. On le constate avec leur capacité d'intervenir, de bousculer la situation et d'influencer le cours des choses. Ils n'ont pas dit leur dernier mot en Amérique latine où ils s'emploient à déstabiliser la région (militarisation de la Colombie, renversements de gouvernements démocratiques du Honduras et du Paraguay, appui à l'opposition bourgeoise au Venezuela), tout en courtisant les pays émergents et en leur promettant une place de choix aux côtés des grands de ce monde (avec le G20, par exemple). En Europe, les États-Unis misent sur la crise financière qui affaiblit les États et empêche l'Union européenne de quitter le giron américain.

Néanmoins, ce qui frappe les esprits, c'est le caractère improvisé, si ce n'est erratique des politiques de Washington. Cela indique un certain désarroi chez l'establishment.

Faut-il en conclure que l'Empire américain est irréversiblement entré dans une période de déclin[1]? Certes, l'impérialisme pratiqué par les États-Unis depuis quarante ans est désormais obsolète. Jouer le rôle du gendarme du monde apparaît risqué dans une période où les coûts augmentent de façon astronomique et où la résolution de la crise est inenvisageable dans un court délai.

---

1. Lire à ce sujet Immanuel Wallerstein, *Comprendre le monde. Introduction à l'analyse des systèmes-monde*, Paris, La Découverte, 2009 et Emmanuel Todd, *Après l'empire. Essai sur la décomposition du système américain*, Paris, Gallimard 2002.

Dans un ouvrage suscitant des débats, Antonio Negri et Michael Hardt affirment que le capitalisme mondial fonctionne selon une nouvelle architecture[1]. Il se développerait désormais sans liens avec les États-nations et sans avoir besoin d'un centre impérial apte à tout contrôler. La mondialisation néolibérale aboutirait à une sorte de symbiose internationale du 1 % des gens les plus riches, qui seraient de plus en plus multinationaux et cosmopolites, non seulement aux États-Unis et chez leurs alliés subalternes, mais aussi dans les pays « émergents » comme la Chine et le Brésil. La domination impérialiste se déploierait un peu comme une toile sans centre, utilisant davantage le registre de l'économie et de la technologie que celui de la diplomatie traditionnelle ou de la guerre.

La thèse de Hardt et de Negri est cependant largement contestée tant par la gauche que par la droite. À droite, l'historien conservateur Niall Ferguson argumente pour un virage des États-Unis vers une sorte de « pouvoir atténué », qui se donne le droit d'intervenir militairement qu'en dernier recours, mais qui s'active prioritairement dans l'économie et dans la bataille des idées[2]. Pour la gauche, notamment celle du tiers-monde, c'est une tout autre problématique qui fonde la critique des thèses de Hardt et Negri. Pour Samir Amin, un déclin de l'Empire ouvrirait la porte à de grands conflits contre les peuples, d'autant plus que les États-Unis ont construit une alliance triangulaire – la « triade » Amérique du Nord, Japon et Union européenne – qui constitue une sorte d'« impérialisme

---

1. Antonio Negri et Michael Hardt, *Empire*, Paris, Exils, 2000.
2. Niall Ferguson, *Colossus, The Rise and Fall of the American Empire*, New York, Penguin, 2004.

collectif». Le déclin est espéré et pensable pour Amin si et seulement si les pouvoirs exorbitants exercés par cette « triade » sur le capitalisme mondial sont érodés et, le cas échéant, détruits par les insurrections populaires et par l'opposition d'États ou de groupes d'États à la *Pax americana*[1].

---

1.   Samir Amin, *Sortir de la crise du capitalisme ou sortir du capitalisme en crise*, Paris, Le Temps des cerises, 2009 et *La loi de la valeur mondialisée*, Paris, Le Temps des cerises, 2011.

Chapitre 6

Une ère de turbulences

Il n'y a point d'entreprise plus difficile à conduire,
plus incertaine quant au succès, et plus dangereuse que
celle d'introduire de nouvelles institutions. Celui qui s'y
engage a pour ennemis tous ceux qui profitaient des institu-
tions anciennes, et il ne trouve que de tièdes défenseurs
dans ceux pour qui les nouvelles seraient utiles.
Machiavel, *Le prince* (1515)

G ROUCHO MARX, un comédien américain d'avant-
guerre, qui pratiquait un humour corrosif, ironi-
sait sur le fait qu'« on peut tout prévoir sauf l'avenir ».
Chose certaine, les États-Unis sont entrés dans une
ère de turbulences. Comme bien d'autres Empires,
après avoir dominé le monde, ils ont amorcé un lent
déclin. Néanmoins, l'histoire ne se répète jamais de la
même façon et comme les États-Unis s'insèrent d'une
façon singulière dans le monde tel qu'il a évolué ces
dernières décennies, plusieurs avenirs possibles sont
envisageables.

2012, nouveau départ?

LE SOIR du 6 novembre 2012, le monde pousse un soupir de soulagement. Malgré le fait que le premier mandat d'Obama a été décevant, malgré le « recentrage » vers la droite des démocrates, malgré les distorsions du système politique, l'affrontement électoral qui se termine par la victoire d'Obama a porté sur deux options, deux visions, deux parcours et deux discours idéologiques très différents. Aux États-Unis mêmes, on constate une polarisation entre deux camps retranchés qui sont à peu près aussi puissants. Les enjeux sont d'autant plus importants que le pays traverse la plus grande crise de son histoire. Cette crise est multiforme: économique, financière, technologique, éducationnelle, sociale, politique, culturelle, environnementale. Pour plusieurs, c'est le « rêve américain » qui est en train de disparaître.

Pour résoudre cette crise, les États-Unis doivent tenir compte du fait qu'ils ne sont plus la puissance qui a si longtemps dominé le monde. Est-ce que leur déclin comme puissance mondiale est irréversible?

Avant de répondre à cette question, il faut revenir sur ce qui s'est passé pendant et après la Grande Dépression de 1929. Une nouvelle direction politique, intellectuelle et sociale a pris forme autour des politiques keynésiennes mises en œuvre par Franklin Delano Roosevelt et appuyées par les syndicats. Elle a combattu la crise et, dans une large mesure, a stabilisé les États-Unis. Elle a imposé des réformes importantes. Elle a obligé l'élite économique à faire de réelles concessions au profit des couches populaires et moyennes. En fin de compte, elle a sauvé le capitalisme.

Aujourd'hui, la question est à nouveau posée. En fait, elle avait été mise sur la table en 2008 lors de la première élection d'Obama. On espérait dans plusieurs milieux une « refondation » du système de la même ampleur que celle opérée pendant le *New Deal*. Cela n'a pas été le cas. Quatre ans plus tard, Obama n'a pas convaincu les gens qu'il a l'étoffe d'un grand réformateur. Son sauvetage de la faillite des grandes banques et de certaines industries n'a pas montré qu'il avait une vision à long terme et l'audace nécessaire pour nettoyer un capitalisme profondément gangrené par la financiarisation et par les assauts de longue date contre les acquis du *New Deal*. C'est ce qui fait dire à des économistes comme Paul Krugman et Joseph Stiglitz qu'Obama a échoué. En outre, on constate que Wall Street ne cesse d'étendre ses tentacules : les six plus grandes banques (JP Morgan Chase, Bank of America, Citigroup, Wells Fargo, Goldman Sachs et Morgan Stanley), qui exerçaient, en 1995, leur emprise sur 17 % du produit national brut, l'exercent en 2010 sur 64 % du PNB !

La droite faible de ses forces

En 2012, le candidat républicain Mitt Romney a obtenu 48 % du vote populaire. Le président a gagné, mais avec 7 % de moins de voix qu'en 2008. De plus, l'électorat a réélu une majorité républicaine au Congrès. Une partie importante des élus à la Chambre des représentants est liée à l'aile « militante » des républicains, c'est-à-dire au Tea Party. Durant la campagne électorale, c'est le Tea Party et les libertariens qui ont donné le ton. Le discours de Romney s'est nettement infléchi à droite, car il s'est retrouvé coincé par ses adversaires républicains – Michele Bachmann, Rick Perry et Rick Santorum –, qui l'ont accusé d'être un « mou ». Entre autres, ils évoquaient le fait qu'à l'époque où il était gouverneur du Massachusetts, il avait mis en place un régime d'assurance maladie semblable à celui préconisé par Obama. Il y a eu aussi la pression de l'« aile » évangélique de droite (Todd Aikin, Richard Mourdock et d'autres) qui a tout fait pour mettre au centre des débats les questions « morales » et religieuses, particulièrement celles s'opposant aux droits des femmes.

En réalité, Romney est devenu prisonnier du discours de la droite extrême. Sous sa pression, mais aussi l'influence de certains des grands financiers du parti, comme les frères Koch, il a été forcé de choisir comme colistier Paul Ryan, lequel est nettement lié au Tea Party. Tout au long de la campagne électorale, le candidat républicain s'est efforcé de jouer sur les deux tableaux : son discours était modéré avec les électeurs indépendants et dans les débats télévisés, et très à droite lors des rencontres avec la base militante du Parti. Cependant, Romney a livré le fond de sa pensée sur YouTube lors de discussions semi-privées où il a traité de parasites les « 47 % » de la population qui ne paie pas d'impôt pour cause de revenu trop faible.

Au-delà de leur virage à droite et en dépit de leur relative bonne performance, les républicains sortent déstabilisés par la victoire d'Obama. Ils étaient persuadés qu'Obama serait le président d'un seul mandat, ce qui n'arrive pas souvent aux États-Unis. Ils pensaient que l'appui des milieux financiers – d'où leurs ressources énormes pour mener leur campagne

– serait suffisant pour faire la différence. D'autant que le journal de référence de ces milieux, *The Wall Street Journal*, faisait campagne contre Obama de peur qu'il ne resserre la vis au secteur financier. Finalement, ils se sont trompés.

Depuis la fin de la campagne électorale, des groupes plus « modérés » de républicains admettent mal la domination de la droite extrême sur le parti. Ils affirment que la défaite est due à leur aveuglement à l'égard des changements sociologiques et culturels qui bouleversent les États-Unis. Ils soutiennent qu'on ne peut pas ignorer la place centrale qu'occupent maintenant les femmes dans la société. Ils insistent sur le fait qu'il devient impossible de gagner des élections avec un discours excluant les Afro-Américains, les Hispaniques et les autres minorités visibles[1] dans un pays qui est de plus en plus une mosaïque multiculturelle et multiethnique. Ils pensent également que la société a changé au point où on ne peut plus exclure et encore moins démoniser des minorités comme les gais et les lesbiennes par exemple.

Bref, la bataille est déclenchée dans le Parti républicain. Seulement, le Tea Party n'est pas un accident de parcours ni un phénomène *stricto sensu* électoral. C'est une organisation nationale qui propose une vision idéologique cohérente, organisée et déterminée, dont les fondements peuvent se résumer comme suit :

---

1. Obama a recueilli 93 % du vote des Afro-Américains et 71 % du vote des Hispaniques. Au total, 44 % des suffrages pour les démocrates proviennent des minorités. En 1960, 90 % des électeurs étaient blancs, alors qu'aujourd'hui, cette proportion est de 72 %. Voir Jerome Karabel, « Fin de la stratégie sudiste aux États-Unis », *Le Monde diplomatique*, décembre 2012.

- Une foi inébranlable dans le secteur privé et le marché qui, en théorie, sont aptes à résoudre l'ensemble des problèmes de la société américaine.
- Une valorisation quasi absolue des « valeurs américaines », basée sur une nostalgie irrationnelle d'une époque – les années 1950 – pendant laquelle les États-Unis étaient hégémoniques dans tous les domaines (commerce, économie, militaire, culture, politique).
- Une vision totalement tronquée des États-Unis qui serait un pays « blanc et protestant », dans lequel les minorités doivent rester « à leur place ».
- Une perspective rétrograde à l'égard des femmes.

Étant donné que 55 % des hommes blancs de cinquante ans et plus ont voté pour Romney, le Tea Party n'est pas prêt de disparaître! Déjà, des manœuvres sont en cours pour imposer une équipe de droite « pure et dure » autour des sénateurs Paul Ryan et Marc Rubio (un sénateur de la Floride qui doit sa victoire au Tea Party), pour l'élection présidentielle de 2016.

Comment relancer l'économie?

En fin de compte, c'est la conduite de l'administration Obama au cours de ce deuxième mandat qui sera déterminante. À court terme, Obama et les démocrates vont jouer sur les divisions dans le camp de la droite et même travailler à accroître les clivages. Cependant, à long terme, de telles manœuvres ne seront pas suffisantes. Il faudra arriver avec des solutions concrètes pour résoudre les graves problèmes qui assaillent la société. Voici quelques-uns des défis immédiats qui se présentent à l'horizon.

Il y a d'abord la bataille pour relancer l'économie et améliorer des conditions de vie de la majorité de la population, laquelle a vu son niveau de vie se dégrader[1]. Aujourd'hui, les États-Unis connaissent des niveaux d'inégalités sociales comparables à certains pays du tiers-monde. En 2012, 49,7 millions d'Américains vivent sous le seuil de pauvreté, soit 16,1 % de la population, une augmentation de plus de 3,6 % depuis 2006. Les populations les plus touchées sont les Hispaniques et les Afro-Américains, avec des taux autour de 25 %. Plus de 22 % des enfants vivent sous le seuil de la pauvreté (soit 14,5 millions de personnes)[2]. De 2000 à 2009, la pauvreté des enfants des familles à bas revenus a augmenté de 5 %.

Améliorer rapidement cette situation représente un défi colossal. En même temps, l'administration doit procéder urgemment au renouvellement des infrastructures si longtemps négligées par les pouvoirs publics, notamment les routes, les transports publics, les ponts, les réseaux électriques et d'aqueduc, qui faisaient autrefois l'envie des autres nations et qui sont maintenant dans un état lamentable. Les budgets alloués au renouvellement des infrastructures représentent 2,4 % du PNB (contre en moyenne plus de 5 % en Europe et 9 % en Chine).

Enfin, l'administration Obama doit réussir à gérer le déficit budgétaire et la dette publique. Leurs croissances rapides au cours des dernières années sont le

---

1. En 2011, le revenu médian des familles est de 8,1 % plus bas qu'en 2007 et 8,9 % plus bas qu'en 1999. Le revenu de la famille typique américaine a chuté pour la quatrième année consécutive et a atteint des niveaux jamais vus depuis 1995.
2. Contre 6 % des enfants en France, Allemagne, Italie et 3 % en Norvège ; il est de 13,3 % au Canada.

Quelques conséquences
des coupes budgétaires[1]

- La Californie a opéré des coupes dans son programme d'assistance sociale. En conséquence, 1,4 million de personnes (les deux tiers sont des enfants) en sont dorénavant exclues.
- Le Minnesota a sabré les prestations d'assurance maladie de 21 500 adultes en emploi.
- Le Michigan, le Nevada, la Californie et l'Utah ont éliminé les soins dentaires du programme de Medicaid (pour les personnes à faible revenu et les personnes âgées).
- En Arizona, 35 000 bénéficiaires du programme d'assistance sociale ont perdu leurs prestations.
- La Virginie a réduit les services aux personnes souffrant de maladies mentales.
- L'Illinois a réduit les prestations pour les enfants.
- Le Connecticut a supprimé les programmes de prévention de la violence à l'endroit des enfants.
- Le Massachusetts a réduit son programme de Medicaid ainsi que son financement des bons alimentaires pour les familles pauvres.
- Le budget alloué à la Défense équivaut à la couverture médicale de 115 millions de personnes.
- En 2011, le déficit fédéral est de 380 milliards de dollars.

---

1. Arianna Huffington, *Third World America. How are Politicians are Abandoning the Middle Class and Betraying the American Dream*, New York, Broadway Paperbacks, 2012.

ıes d'austérité et des baisses d'im-
ınées confirment les analyses qui
ssance très importante des revenus
ation la plus riche est absolument
ır le pays. Cette augmentation
résultat des changements opérés
ıuis plus de trente ans. C'est éga-
ıence des transformations dans le
ıi oppose l'élite économique aux
ravailleuses.

cette situation, il est nécessaire
çon importante l'impôt des plus
ıduire des règlements pour enca-
e les activités bancaires et finan-
cières. De plus, des réinvestissements massifs sont
requis pour mettre un terme à la détérioration des
services essentiels à la population et les remettre sur
pied.

Historiquement – à partir de la guerre civile
–, les États-Unis ont tiré leur force d'un processus
d'industrialisation extraordinairement dynamique
qui a développé les forces productives du pays. À
l'origine, ce capitalisme dit sauvage, dominé par
des oligarques (Vanderbilt, Carnegie, Rockefeller),
a propulsé le PNB du pays à des niveaux record.
Cependant, cette croissance phénoménale a été
stoppée durant les années 1930, à cause précisément
de la suraccumulation du capital due à l'exploitation
brutale de la force de travail. Plus tard, le goulot
d'étranglement a été dénoué par la mise en œuvre
de politiques keynésiennes. Le capitalisme a alors
été remis en état par l'action de l'État au moyen de
grands projets dans le domaine des infrastructures.
Après la Deuxième Guerre mondiale, le capitalisme

a connu un nouveau souffle. L'appareil productif et la redistribution des ressources ont été organisés de manière à ce que les couches moyennes et populaires puissent consommer, ce qui a permis d'améliorer la profitabilité des entreprises. C'est ce « modèle » dit fordiste, caractéristique de l'*American way of life*, qui a été mis à mal par le tournant néolibéral des années 1980. Aujourd'hui, une partie croissante de la population est ni en mesure de consommer, ni en mesure de travailler. Les grands secteurs industriels ont été délocalisés à l'extérieur du pays ou dans d'autres régions du pays à bas salaires et aux mauvaises conditions de travail, ou encore ont été dévalorisés par des restructurations majeures.

Devant cette évolution, le discours dominant, y compris celui de l'administration Obama, est que les États-Unis doivent opérer une transition fondamentale, passer de l'industrie de masse à l'économie du savoir. La nouvelle élite (Bill Gates, Steve Jobs, Mark Zuckerberg, etc.) laisse entendre que la suprématie américaine peut être rétablie à la condition qu'elle effectue cette transition et alors des emplois seront créés dans les domaines de haute technologie, notamment l'informatique et la robotique. Or, ces entreprises de haute technologie investissent de plus en plus dans des pays comme l'Inde qui disposent d'une main-d'œuvre bon marché qualifiée. Plusieurs millions d'emplois dans l'informatique, les assurances et les télécommunications ont déjà été délocalisés ou ont été créés à l'étranger.

L'establishment propose de résoudre plusieurs des graves problèmes environnementaux du pays en s'engageant dans un tournant économique « vert » basé sur les nouvelles technologiques. Cette nou-

velle utopie est promue par des vedettes médiatiques
comme Thomas Friedman du *New York Times.* Friedman affirme que l'avenir du pays repose sur la mise
en place d'un nouveau complexe énergie/technolo-
gie qui produira de l'énergie bon marché tout en pré-
servant l'environnement. Les États-Unis, assure-t-il,
resteront en tête du monde s'ils prennent la direction
de cette nouvelle économie.

Selon Obama, pour faire face à la concurrence
chinoise et à celle des autres pays « émergents », les
États-Unis doivent miser sur l'innovation. Ce qui est
plus facile à dire qu'à réaliser, surtout avec un secteur
privé jaloux de ses prérogatives. Lors d'une consul-
tation organisée par le *Council on Foreign Relations,*
un des *think tanks* de l'élite économique, les grandes
entreprises recommandaient de laisser le secteur privé
innover – ce que le gouvernement peut et doit faire
en diminuant les impôts et les charges des entreprises
et en limitant la règlementation, particulièrement
sur l'environnement. Il a également été proposé de
mieux lier les entreprises aux universités en encourageant ces dernières à faire des recherches « utiles »
pour améliorer la compétitivité des entreprises. Cela
exige d'exploiter davantage la recherche universitaire
subventionnée par l'État tout en diminuant les coûts
en recherche et développement des entreprises. C'est
le discours traditionnel au profit du laisser-faire économique du programme néolibéral. On retrouve les
origines de cette pensée également dans les thèses de
l'« exceptionnalisme » américain, qui laisse entendre
que les États-Unis pourront presque par magie surmonter tous les obstacles *si* on laisse l'individu, le
« *self-made-man* », mener sa barque sans aucune
entrave ni contrainte.

Outre qu'une telle perspective confine à l'aveuglement, le projet d'une économie du savoir se heurte à la réalité d'un système éducatif en déperdition. Les États-Unis, qui étaient à tête du peloton pour l'accès à l'éducation supérieure, se retrouvent aujourd'hui au seizième rang des pays membres de l'OCDE (à un rang encore plus bas pour les mathématiques et les sciences). Selon différentes études, plus de 50 % des emplois qui seront créés à partir de 2018 nécessiteront un diplôme d'études postsecondaires, mais, selon la tendance actuelle, les États-Unis auront un déficit de près de deux millions de diplômés en 2020. Quelque 30 % des jeunes ne terminent pas le cycle secondaire (*high school*). Les réformes qui sont imposées au système scolaire aggravent les écarts entre les écoles : les *charter schools*[1] sont privilégiées pendant que de nombreux établissements publics sont plus ou moins abandonnés à leur sort[2].

À nouveau, le discours dominant nie le problème. Les meilleures universités américaines (Harvard, MIT, Stanford, etc.) ne sont-elles pas toujours le *nec plus ultra* des établissements universitaires du monde ?

De plus en plus de voix se font entendre : l'évolution actuelle menace la suprématie américaine, notamment sur le plan économique, où la Chine est à la veille de devancer les États-Unis, y compris dans la haute technologie. Certes, ce discours alarmiste ne tient pas toujours compte des faiblesses structurelles et

---

1. Écoles à gestion privée bénéficiant d'une très large autonomie dans l'enseignement et dans les programmes scolaires ; leur financement est public.
2. Diane Ravitch, « Volte-face d'une ministre américaine », *Le Monde diplomatique*, octobre 2010.

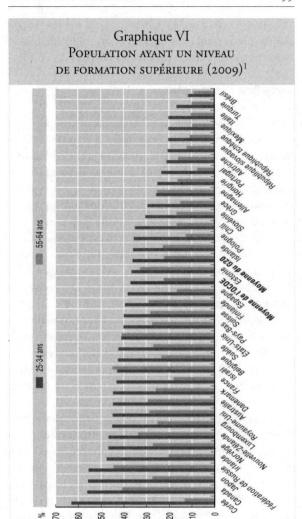

Graphique VI
POPULATION AYANT UN NIVEAU
DE FORMATION SUPÉRIEURE (2009)[1]

1. Au moins un cycle d'études supérieures complété.
   Source: OCDE, *Regards sur l'éducation 2011*, <http://dx.doi.org/10.1787/eag_highlights-2011-fr>

des divisions sociales en Chine, mais il n'en reste pas
moins que le temps où les États-Unis détenaient une
avance appréciable sur tous les autres pays est révolu.

Le déficit démocratique

L'AUTRE GRAND DÉFI des États-Unis concerne le
cafouillage du système politique. Il y a un quasi-
consensus sur le fait que la situation actuelle conduit
à de profondes distorsions, mine la démocratie et
entraîne une proportion croissante de la population
à se sentir « étrangère » aux institutions publiques.

Premier fait : la population vote peu[1]. Si beaucoup de gens ne votent pas, ce n'est pas en raison
d'un total désintérêt pour la chose publique. Toutes
sortes d'obstacles sont dressés pour entraver leur
droit de vote (nécessité de s'enregistrer, de prouver sa
citoyenneté, etc.). D'ailleurs, pour la droite, la non-
participation aux élections des couches populaires et
moyennes est une bonne chose. C'est ce qu'affirmait
Paul Wyrich, un cofondateur de *la Heritage Foundation* (un *think tank* subventionné par les très riches) :
« En réalité, la droite a plus de chances de gagner
quand le pourcentage des votants est bas. »

Le problème vient de loin. Dès l'indépendance du
pays (1776) et l'adoption de la Constitution (mise en
application en 1789), des obstacles ont été érigés pour
entraver la démocratie. C'est un « collège électoral »
qui désigne le président. Le président des États-Unis
est donc élu au suffrage universel *indirect*. En fait, les
citoyens votent, mais ce sont de « Grands Électeurs »
qui, dans chaque État, donnent leurs voix en bloc à un

1   La participation à l'élection présidentielle en 2000 a été de
     59,3 %, en 2008, de 61,6 % et, en 2012, de 61 %.

candidat; le candidat qui arrive en deuxième position n'obtient aucune voix. Le président n'est donc pas élu par le peuple, mais par 538 Grands Électeurs, dont le nombre dépend de la taille de l'État. À l'occasion, ces « Grands Électeurs » élisent un président qui n'a pas reçu la majorité des voix de la population. Il y a eu quatre cas où le collège électoral n'a pas élu le candidat ayant recueilli la majorité des suffrages populaires : 1824, 1876, 1888 et 2000.

Aujourd'hui, le système est encore davantage perverti. Le dispositif législatif est déstabilisé par la prédominance des groupes d'intérêts et des groupes de pression. Ces groupes sont bien organisés dans des *Political Action Committees* (PAC) et, plus récemment, dans des « super PAC » (regroupant plusieurs entreprises). Grâce à leur capacité de dépenser beaucoup d'argent (entre autres pour payer de la publicité à la télévision), ils tiennent littéralement en otage le législateur. Peu osent les contester de peur de subir le mécontentement des grandes entreprises qui financent les campagnes électorales[1]. En 2009, 13 700 lobbyistes ont dépensé 3,5 milliards de dollars pour influencer les politiques, ce qui représente en moyenne 6,5 millions de dollars par élu – il y a 535 élus au Congrès et à la Chambre des représentants. Lors de l'élection présidentielle de 2008, les grandes entreprises du secteur financier ont à elles seules dépensé 1,7 milliard de dollars. En 2011, une décision partagée de la Cour suprême (cinq juges contre quatre) a décidé que les grandes entreprises comme des individus avaient le droit, sans aucun plafonnement de dépenses, de

---

1. Parmi les rares à le faire, il y a le gouverneur de l'État de New York, Andrew Cuomo, qui demande une réforme électorale basée sur un modèle de financement public.

contribuer financièrement aux partis et aux candidats. On ne peut pas s'étonner que, dans un tel contexte, le Congrès soit incapable d'augmenter le taux d'imposition des entreprises.

Si Dieu le veut

Dans la Constitution des États-Unis, Dieu a donné aux citoyens des « droits inaliénables ». « *In God we trust* », selon la célèbre formule. Même si la Constitution établit une distinction entre la religion et l'État, la société américaine est profondément religieuse. Aujourd'hui, la religiosité joue un rôle de plus en plus important.

C'est l'interprétation rigoriste et dogmatique du christianisme qui l'emporte, aussi bien contre les autres expressions chrétiennes que contre les autres religions. Durant la dernière campagne présidentielle, le candidat républicain à la vice-présidence, Paul Ryan, a déclaré que les lois de Dieu avaient priorité sur les lois de la société et que la Constitution des États-Unis partait du principe que l'État devait se subordonner à la religion. Au niveau des États et de la politique locale, la bataille « principale » menée par la droite chrétienne ne concerne pas la pauvreté ou l'économie, mais la moralité. Une lecture littérale de la Bible leur permet de promouvoir la soumission des femmes, de condamner l'homosexualité et d'exiger une punition sévère des pêcheurs coupables de crimes, y compris par la peine de mort. Sur le plan national, ce discours est relayé par le Tea Party et par plusieurs têtes de file du Parti républicain comme Rick Santorum qui, par ailleurs, est catholique. En plus de son credo moralisateur

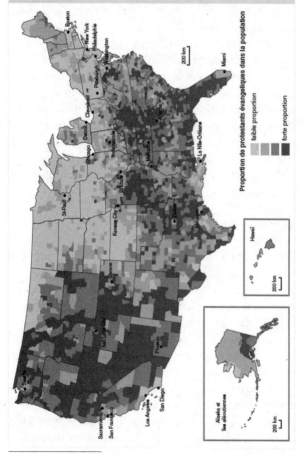

Carte IX
LE POIDS DES PROTESTANTS ÉVANGÉLIQUES
AUX ÉTATS-UNIS[1]

1. James G. Gimpel, «Élection présidentielle américaine: le dessous des cartes», *Alternatives internationales*, n° 37, décembre 2007.

(qui compare entre autres l'homosexualité à la bestialité), Santorum demande l'annulation du *Obamacare* et exige une baisse des impôts des riches! Cette grande offensive prend l'allure d'une sorte de « guerre culturelle » entre un pays « chrétien évangélique » et un pays laïc.

Se greffant sur l'individualisme et sur une certaine forme de narcissisme, cette guerre entraîne les citoyens à s'ignorer les uns les autres, à se considérer comme des entités séparées, ce qui engendre cynisme et désillusion. Ils sont alimentés par une pensée « magique » si ce n'est par des récits mythologiques – Dieu sauveur et tout-puissant; les super héros comme Superman, Batman et les autres –, ce qui crée une psychologie de masse où s'entremêlent de plus en plus fiction et réalité.

Le danger du totalitarisme

RÉGULIÈREMENT dans l'histoire des États-Unis, des périodes d'expansion des droits et des libertés et d'effervescence citoyenne sont suivies par des phases de régression démocratique. Cela a été particulièrement évident dans les années 1950 avec la mise en place d'un dispositif juridique, policier et politique pour verrouiller l'expression politique des dissidents et les marginaliser. Dans les années 1980, à l'époque de Reagan, on a assisté à un processus semblable. Depuis longtemps donc, les États-Unis sont le terrain privilégié d'une sorte de totalitarisme que le philosophe Sheldon Wolin qualifie d'« inversé[1] » parce qu'il s'appuie sur

---

1. Sheldon Wolin, *Democracy Incorporated. Managed Democracy and the Specter of Inverted Totalitarianism*, Princeton, Princeton University press, 2008

des structures et des institutions anonymes plutôt que sur des individus charismatiques et où la politique est subordonnée à l'économie. Selon Noam Chomsky, les institutions et les médias ont comme principale mission de produire un conformisme intolérant et bigot[1].

Le duopole exercé par les deux partis (républicain et démocrate) est un autre facteur de ce totalitarisme inversé. Il exclut pratiquement toute autre forme d'expression politique. Il n'existe pratiquement pas d'espace politique pour d'autres formations qui contestent l'ordre dominant. Dans l'élite, cette fermeture est vue comme un grand avantage qui empêche tout « débordement démocratique », ce que craint en particulier le politicologue de droite Samuel Huntingdon. Pour l'élite, les intérêts de la nation sont mieux servis par les entreprises que par le « *big government* ».

Tout est possible

LE DEUXIÈME MANDAT d'Obama sera sans nul doute turbulent : la présidence contre le Congrès, les républicains contre les démocrates, le Tea Party contre les républicains « modérés », l'élite économique contre toute tentative réformatrice même timide, les chrétiens de droite contre les intellectuels, les régions semi-rurales et les banlieues contre les grandes villes, sans compter les clivages de classe, de « race », de sexe, de générations, et cela au beau milieu d'une crise multiforme qui va se prolonger pendant encore de nombreuses années.

---

1. Noam Chomsky et Edward Herman, *La fabrication du consentement. De la propagande médiatique en démocratie*, Paris, Agone, 2008.

À quelques exceptions près, un facteur qui est largement invisible aux États-Unis risque de devenir majeur : l'intervention des mouvements sociaux dans la société. Dans les années 1960-1970, les mouvements pour les droits civiques et contre la guerre au Viêt-nam ont fait une énorme différence. Ils ont forcé l'establishment à tenir compte de leurs revendications. Toutefois, ils n'ont pas constitué une alternative politique. Aujourd'hui, la situation des luttes des mouvements sociaux, malgré d'importantes différences, a des traits communs avec celle des luttes du passé.

Depuis les années 1990, une nouvelle sensibilité sociale s'exprime sur les questions relatives à la transformation de la société. En 1999, une manifestation s'organise à Seattle contre l'Organisation mondiale du commerce. Il s'agit d'un assemblage hétéroclite de mouvements sociaux : syndicats, groupes environnementaux, féministes, etc. Par la suite, sont mis en place de nombreux réseaux, surtout à l'échelle locale. Par exemple, les « *Jobs with justice* » organisent des travailleurs précaires et des immigrants « légaux » et « illégaux » à une grande échelle, ce qui débouche sur de grandes manifestations le 1er mai 2006. En 2008, un nouveau réseau apparaît, le « Mouvement pour une justice globale ». Il est au centre de l'organisation de deux forums sociaux, à Atlanta et à Détroit, réunissant plusieurs milliers de personnes. Lors de la première campagne présidentielle d'Obama, plusieurs de ces réseaux s'investissent dans la lutte électorale.

Un nouvel acteur apparaît brusquement en septembre 2011 avec *Occupy Wall Street* (OWS). Sans organisation centralisée, sans revendications, OWS saisit l'opinion en grand avec son utilisation des médias sociaux. Selon Judith Butler, le succès d'OWS est basé sur le fait qu'il est en mesure « de remettre en cause l'inégalité structurelle, le capitalisme, les lieux et les activités spécifiques qui incarnent la relation entre le capitalisme et les inégalités structurelles[1] ». Avec le fameux slogan – « Nous sommes les 99 %, vous êtes le 1 % » –, OWS coalise une masse de personnes et de groupes au sein desquels se côtoient aussi bien les thèmes économiques que les questions démocratiques. La démocratie apparaît désormais incompatible avec un processus politique soumis au pouvoir économique d'une petite élite.

Devant Obama

PENDANT la campagne présidentielle de 2012, la mobilisation pour Obama est plus faible qu'en 2008. Certes, plusieurs mouvements, surtout les syndicats, s'engagent dans la bataille principalement pour « battre la droite ». Cela a fait la différence dans plusieurs États chaudement disputés comme le Wisconsin, la Floride et l'Ohio, où Obama l'emporte de justesse. Également, des mobilisations locales font en sorte que des candidats républicains d'extrême droite comme Todd Akin (Missouri) et Richard Mourdock (Indiana) mordent la poussière. Ces mouvements réussissent à mobiliser le vote des couches populaires, notamment celui des Noirs et des Hispaniques. Dans une large mesure, ce vote populaire est un vote « par défaut », non un vote positif pour Obama. Entre

---

1. Judith Butler, « So, what are the demands ? », *Tidal, Occupy Theory, Occupy Strategy*, n° 2, mars 2012, < https://docs. google.com/file/d/0B8k8g5Bb3BxdNXB3dkgweEhUTnFi TnVOTVFyZUJxQQ/edit?pli=1 >.

autres parce que pendant sa campagne, le président sortant a parlé de diminuer les dépenses dans les programmes de santé et d'assistance sociale afin de réduire le déficit de 1 000 milliards de dollars.

Pendant la même période, différents mouvements sociaux résistent aux politiques d'austérité néolibérales. Quelque 25 000 enseignantEs des écoles primaires et secondaires se mobilisent à Chicago (la ville dans laquelle Obama a commencé sa carrière politique) en 2012. Ce mouvement est appuyé par l'opinion publique. De grandes manifestations ont lieu un peu partout dans la ville, ce qui force le maire, Rahm Emanuel (ancien conseiller et bras droit d'Obama), à battre en retraite. Il doit laisser tomber son projet de licenciement d'enseignantes et de transformation du système scolaire : les enseignantEs auraient été misES en concurrence les unEs avec les autres, les ressources auraient été concentrées dans les écoles dites « performantes » et 17 écoles auraient été fermées, etc. Plusieurs syndicats du secteur public et même ceux du secteur privé sont interpellés par cette résistance inédite. Elle constitue en soi une critique des politiques de concession des grandes organisations syndicales. Au lieu d'organiser la résistance, l'AFL-CIO et plusieurs grands syndicats (dans l'automobile entre autres) mettent beaucoup d'effort à « négocier » des concessions avec l'employeur. Cette politique se traduit par des reculs importants, aussi bien sur le plan des salaires que sur celui des conditions de travail, sans pour autant préserver l'emploi.

---

1. Source : < http://mecanoblog.wordpress.com/2009/11/08/ arabie-saoudite-iran-vers-le-debut-d'une-nouvelle-guerre-les-accrochages-se-multiplient-a-la-frontiere-avec-le-yemen/ carte-geostrategique-du-moyen-orient/ >.

En l'absence d'un grand mouvement national, il est improbable que les mouvements sociaux puissent exercer une influence déterminante. Toutefois, il est indéniable que des organisations et des réseaux sont en train d'étendre leurs ramifications, parfois en affrontant le pouvoir, parfois en l'esquivant. Par exemple, on constate un nouvel essor du monde communautaire. Ses projets prennent la forme de coopératives et de réseaux d'entraide locaux. Ils sont plus ou moins inspirés des thèses libertaires de Thoreau et de celles plus récentes de John Holloway, qui estime que de telles initiatives locales peuvent créer un « anti-pouvoir » sur lequel se reconstruit une identité populaire reposant sur la solidarité et la dignité[1]. Se dessine alors une critique radicale du capitalisme et des formes politiques qui lui sont associées, dont la démocratie représentative. Ainsi se déploie une « autre politique », laquelle s'appuie sur la participation citoyenne, l'horizontalisme et l'absence de hiérarchie, le souci de laisser la place aux sans-voix et aux groupes traditionnellement défavorisés et discriminés.

Ces nouvelles praxis sont-elles susceptibles d'évoluer et de fragiliser, le cas échéant, l'édifice du pouvoir ?

---

1. John Holloway, *Changer le monde sans prendre le pouvoir. Le sens de la révolution aujourd'hui*, Montréal, Lux, 2007.

Épilogue

Notre cousin américain

L E CANADA a le « privilège » d'être le voisin des États-Unis avec qui il partage la plus grande frontière au monde. Chaque minute, les deux pays échangent l'équivalent d'un million de dollars de marchandises (presque 700 milliards de dollars en 2010). Les exportations de produits canadiens vers les États-Unis comptent pour près de 80 % du commerce extérieur du Canada. Concomitamment, le Canada est le plus grand marché au monde pour les produits américains, plus important que ceux de l'Union européenne et de la Chine. Depuis la mise en place de l'Accord de libre-échange nord-américain (ALENA), les liens ont été raffermis. L'élite canadienne aimerait accentuer l'intégration du pays dans le cadre du projet de « Partenariat pour la sécurité et la prospérité » (PSP), lancé en mars 2005 à Waco, au Texas. Pratiquement, le PSP abolirait les frontières entre les trois pays signataires de l'ALENA, ce qui voudrait dire que la souveraineté canadienne sur le commerce et sur une vaste gamme de questions relatives à d'autres aspects (l'immigration par exemple) dépendrait du bon vouloir des États-Unis.

Une relation qui vient de loin

Lorsque les États-Unis ont conquis leur indépendance de la Grande-Bretagne (1776), les relations avec les colonies britanniques au nord du quarante-cinquième parallèle ont été longtemps marquées par l'hostilité. À quelques reprises, la jeune république a eu la tentation de boutre l'Empire britannique hors des Amériques, mais elle n'en a pas eu la force. La Grande-Bretagne était alors au faîte de sa puissance. Une partie importante des colons fidèles à la Couronne se sont réfugiés au Canada (les « loyalistes »), ce qui a constitué une force d'appoint appréciable pour l'armée coloniale. La puissance montante et l'Empire britannique ont finalement conclu qu'il valait mieux coexister que de se combattre. Aussi, sous le président américain Martin Van Buren, l'ordre a été donné de ne pas aider l'insurrection des patriotes de 1837-1838, en dépit des efforts de Louis-Joseph Papineau et du parti des patriotes de créer dans la vallée du Saint-Laurent une république s'inspirant de la République américaine et de leur Constitution. Au moment de la guerre civile (1861-1866), l'Empire britannique s'est rangé du côté des États esclavagistes avec qui il entretenait d'importantes relations commerciales (le coton cultivé par les esclaves aboutissait dans les filatures anglaises). Londres a aussi cherché à affaiblir les États-Unis. Toutefois, la victoire du Nord dans la guerre civile a mis fin aux manœuvres britanniques.

La création de la Confédération canadienne en 1867, à partir de l'unification des colonies d'Amérique du Nord britannique, a été en partie une réponse au danger représenté par les États-Unis. Les élites canadiennes ont acquis avec le statut de « dominion » une autonomie relative par rapport à Londres, ce qui leur a permis de contrôler un vaste territoire, à la condition toutefois de circonscrire les communautés amérindiennes et métisses tout en marginalisant les francophones. Cette expansion du Canada a ouvert la porte à la formation d'une bourgeoisie moderne qui a compris rapidement que son avenir résidait davantage dans les échanges économiques avec le sud plutôt qu'outre-Atlantique. Dès le début du XXe siècle ont été échafaudés des projets de libre-échange entre le Canada et les États-Unis. De son côté, la puissance américaine savait qu'il y avait d'énormes profits à tirer de l'exploitation des ressources naturelles considérables du Canada. Peu à peu s'est mise en place une relation symbiotique assez particulière entre deux pays.

Pax americana

AVEC la Deuxième Guerre mondiale, la dislocation de l'Empire britannique et l'imposition de la *Pax americana,* s'accentue le tournant proaméricain du Canada. Le traité signé à Ogdensburg en 1940 renforce la coopération militaire entre les deux pays. Ce faisant, le Canada cède aux États-Unis la responsabilité de protéger le « périmètre » nord-américain. Ce traité constitue une étape menant à la formation, en 1958, du NORAD (*North American Air Defense Command*), où, pratiquement, le commandement militaire américain contrôle l'ensemble du dispositif de défense nord-américain.

Dès les années 1950, l'économie canadienne est restructurée en fonction de son insertion dans le « grand marché » nord-américain, bien qu'une partie de l'élite résiste à ce qu'elle considère comme une subordination du Canada aux États-Unis. Des politiciens comme le conservateur John Diefenbaker, premier ministre de 1957 à 1963, rêvent d'un Canada fortement lié à la Couronne britannique et donc plus autonome des États-Unis. Les gouvernements libéraux des années 1960 clament leur nationalisme canadien tout en jonglant avec les nécessités et les contraintes du bon voisinage. La politique extérieure est organisée de façon à ce que le Canada joue un rôle de « courtier » entre les États-Unis et le reste du monde, surtout dans les cas de conflits (au Moyen-Orient, en Asie, à Cuba, etc.). L'État canadien agit comme supplétif des États-Unis lors de moments cruciaux. C'est ainsi que l'armée canadienne participe à la guerre de Corée. Plus tard, au Viêt-nam, l'industrie d'armement canadienne fait fortune en fournissant l'armée américaine. Devant les grands enjeux de la guerre froide et par rapport à la montée des luttes de libération nationale du tiers-monde, le Canada demeure proche des États-Unis. Ainsi, en 1973, le premier ministre Pierre E. Trudeau est l'un des premiers chefs d'État à reconnaître la junte militaire de Pinochet et à légitimer son coup d'État[1].

L'intégration

Dans les années 1980, la grande transformation néolibérale s'accélère partout dans le monde capitalisme. En Amérique du Nord, cette évolution préci-

---

1. Voir José Del Pozo, *Les Chiliens au Québec. Immigrants et réfugiés de 1955 à nos jours*, Montréal, Boréal, 2009.

pite l'« intégration », ce qui entraîne un « ajustement »
des économies du Canada, des États-Unis puis du
Mexique selon l'impératif de l'accumulation du capital. L'ancien président du conseil d'administration de
l'Iron Ore, une multinationale américaine opérant au
Canada, Brian Mulroney, devient premier ministre en
1984. Un premier accord de libre-échange est signé
(1988), puis le processus se poursuit jusqu'à l'adoption de l'ALÉNA (1994). Progressivement, une nouvelle division du travail est mise en place : l'activité
économique canadienne se concentre dans les ressources et les services, au détriment du secteur manu-
facturier. La bourgeoisie canadienne sauvegarde
certains bastions (entre autres les institutions financières), mais reste dépendante du marché américain
pour les exportations et pour les capitaux nécessaires à
l'exploitation des matières premières du pays[1].

Le Québec s'inscrit dans une relation tout aussi
particulière. Les États-Unis sont le partenaire le plus
important, en particulier les États du nord-est du
pays qui, à eux seuls, accaparent 60,3 % des exportations québécoises en 2011[2].

L'impérialisme canadien

CETTE symbiose entre le Canada et les États-Unis,
qui repose sur la position subalterne de l'élite canadienne, a été interprétée, à tort, par une partie de la

---

1. Pierre Beaulne, « Le capital canadien dans la tourmente »,
   Nouveaux Cahiers du socialisme, n° 9, 2013.
2. *Conjuguer passé et futur. Au-delà du commerce des marchandises*, Spécial Québec-États-Unis, *Perspective*, vol. 22, automne
   2012, < www.desjardins.com/fr/a_propos/etudes_economi-
   ques/previsions/en_perspective/per1204.pdf. >.

gauche canadienne-anglaise comme une réalité quasi
« coloniale ». Elle prétendait que le Canada était un
pays « impérialisé ». En fait, l'élite canadienne dispose
de son propre État et constitue un acteur important
du capitalisme mondial, et cela sur ses propres bases.
Dans des secteurs comme les banques, l'extraction
minière et pétrolière, les transports et les commu-
nications, les entreprises canadiennes, avec l'aide de
l'État canadien, dominent et contrôlent le marché,
y compris celui des capitaux. L'impérialisme canadien se déploie surtout en Amérique latine et dans
les Caraïbes, mais pas seulement dans ces régions.
L'État canadien négocie des traités de libre-échange
avec d'autres États ou groupes d'États, dont l'Union
européenne. Le Canada est une puissance capitaliste
secondaire et, bien qu'agissant de manière symbiotique avec l'impérialisme américain, il est autonome
et capable de défendre ses propres intérêts[1].

La « superpuissance énergétique » du nord

Les conservateurs « relookés » de Stephen Harper
gagnent une première fois les élections en 2006 et
deviennent majoritaires à la Chambre des communes
en 2011. Si leur projet conserve les caractéristiques
de base du développement capitaliste canadien, en
même temps, il représente un changement de cap.

Sur le plan économique, les conservateurs veulent
développer encore davantage les investissements dans
l'énergie et les mines, ce qui renforce le déplacement
de l'axe de l'accumulation du capital, qui passe des
provinces centrales (Québec et Ontario) du Canada à

---

1. Jerome Klassen, « Le Canada puissance impérialiste », *Nouveaux Cahiers du socialisme*, n° 9, 2013.

l'ouest et au nord du pays. Pour le premier ministre, l'idée est de faire du Canada une « superpuissance énergétique » en augmentant la production et les exportations de pétrole de l'Alberta (sables bitumineux). Le Canada qui fournit déjà 55 % de l'énergie importée aux États-Unis serait en mesure d'exporter davantage. S'ajoutent à cela des projets gigantesques de construction de pipelines afin de commercialiser le pétrole le plus polluant au monde[1]. Plus de 70 % des firmes qui exploitent ce pétrole sont aux mains d'intérêts étrangers, principalement américains.

Pour l'élite canadienne, la montée en puissance des mouvements écologistes constitue un irritant important. C'est le cas notamment de leur résistance au projet Keystone (pipeline transportant le pétrole albertain jusqu'aux raffineries du Texas). Avant de terminer son premier mandat, Obama a suspendu ce projet en promettant de nouvelles études environnementales. Compte tenu de l'appétit énergétique des États-Unis, il est probable que le projet Keystone va renaître sous une autre forme avec vraisemblablement un autre trajet. Bien appuyé par les lobbys pétroliers, Harper fait valoir aux investisseurs américains que le Canada constitue un allié plus sûr que les pétromonarchies du Golfe ou d'autres producteurs de pétrole comme le Mexique ou le Venezuela.

Le Canada dans la guerre sans fin

Les conservateurs tentent de faire valoir un autre atout auprès des États-Unis. Il s'agit de transformer les capacités militaires canadiennes de manière à être

---

1. Voir Ian Angus, « Le Canada, superpuissance énergétique ? », *Les Nouveaux Cahiers du Socialisme*, n° 9, 2013.

en mesure de mieux seconder l'Empire américain dans la guerre sans fin. On constate une croissance des dépenses militaires.

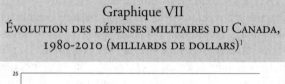

Graphique VII
ÉVOLUTION DES DÉPENSES MILITAIRES DU CANADA,
1980-2010 (MILLIARDS DE DOLLARS)[1]

Outre la croissance des dépenses militaires, il y a d'autres aspects de la politique canadienne qui ont changé. L'époque où le Canada fournissait des Casques bleus à l'ONU pour « maintenir la paix » est révolue. Le Canada s'engage directement dans des guerres, comme en Afghanistan et, plus récemment, en Libye. Cela exige une restructuration de son armée, y compris dans le domaine de l'armement, ce qui a

---

1. Source : Bill Robinson, *Canadian Military Spending, 2010-2011*, Canadian Center for Policy Alternatives, mars 2011, < www.policyalternatives.ca/publications/reports/canadian -military-spending-2010-11 >.

l'avantage de nourrir l'important complexe militaro-industriel américain.

Du point de vue du gouvernement Harper, ce virage est « logique » et s'inscrit dans une lecture particulière de la place du Canada dans le monde. Il s'agit de faire du Canada un allié « indispensable » des États-Unis, un allié qui, en plus de partager des « valeurs » communes, détient des ressources et possède des capacités pouvant être utilisées à long terme, lesquelles, dans une large mesure, ne doivent pas dépendre des aléas de la conjoncture politique. Dans le vaste « arc des crises » qui constitue actuellement l'épicentre de la conflictualité mondiale, les objectifs politiques canadiens peuvent être résumés ainsi :

- Défendre sans compromis l'État israélien (quitte à nier les droits du peuple palestinien, malgré les nombreuses résolutions de l'ONU).
- Saboter certaines des tentatives de démocratisation et soutenir les dictatures considérées comme « efficaces » (Arabie saoudite, Jordanie).
- Menacer et attaquer les États récalcitrants (Iran, Syrie). Manœuvrer pour fragmenter les territoires, les États et les nations en jouant sur les divisions réelles ou artificielles – religion, langue, ethnicité, etc. Après la balkanisation de l'Irak et de l'Afghanistan, les États qu'on voudrait voir disloqués sont l'Iran, la Syrie, le Liban et le Pakistan.

Cette même « logique » conduit l'État canadien à cultiver des liens particuliers avec d'autres maillons du dispositif impérialiste états-unien (la Colombie en Amérique du Sud), à déstabiliser des États ou même à appuyer les coups d'État fomentés par les États-Unis (Honduras, Paraguay), à intervenir partout dans le monde dans le cadre de l'OTAN, sous commandement américain. Cette politique du gouvernement conservateur est d'autant plus incontestable qu'il existe une sorte de « consensus inavouable » entre le Parti conservateur (PC) et les principales formations politiques canadiennes. En effet, le Parti libéral du Canada (PLC) partage l'essentiel des politiques de Harper, soit l'alignement sur les États-Unis et l'OTAN, l'alliance indéfectible et illégitime avec Israël, l'hostilité aux régimes progressistes et nationalistes. Même le Nouveau Parti démocratique (NPD) hésite à se démarquer du PC. Il a accepté, parfois avec réticence, les aventures militaires en Afghanistan et, plus récemment, en Libye. Il réaffirme son appui à l'« intégration des Amériques ». Dans sa plateforme électorale de 2011, le NPD a même promis de maintenir le niveau actuel des dépenses militaires.

Un avenir incertain

La victoire d'Obama n'inquiète pas les conservateurs canadiens. Bien qu'ils partagent plusieurs des positions politiques des républicains et du Tea Party, ils acceptent avec résignation ce deuxième mandat. Toutefois, il y a des points de friction. Outre les enjeux environnementaux, la gestion de la crise aux États-Unis entraîne l'adoption de politiques de relance économique protectionnistes du type « *Buy America Act* ». Cette loi force les administrations publiques à donner des contrats aux seules firmes américaines, mais, pour l'instant, le Canada a réussi à être exempté des dispositions de cette loi.

Pour contrecarrer les adversaires américains aux projets pétroliers canadiens, le gouvernement canadien cultive des liens avec d'autres partenaires commerciaux, en particulier la Chine, qui a investi dans des projets pétroliers en Alberta. Il tente de diversifier les exportations et les investissements étrangers. Il n'en reste pas moins que, malgré certains changements, la relation symbiotique avec les États-Unis se poursuit.

Les défis du mouvement populaire

Au Canada et au Québec, de vastes coalitions se sont régulièrement formées contre l'impérialisme américain. Il y a eu celle contre la guerre au Viêt-nam. Dans les années 2000, une formidable mobilisation populaire, surtout au Québec, a littéralement empêché le gouvernement (libéral) de s'engager militairement dans l'invasion de l'Irak (toutefois, il a participé indirectement et discrètement à la guerre par l'envoi de frégates dans le Golfe). À la même époque, les mouvements populaires québécois et canadiens ont entravé le plan américano-canadien d'étendre l'ALÉNA aux 34 pays de l'hémisphère américain avec de spectaculaires manifestations contre la ZLÉA, à Québec, en avril 2011.

Le gouvernement Harper est appuyé par une minorité de la population, ce qui veut dire que la majorité des citoyens ne sont pas d'accord avec ses positions de droite, tant avec sa stratégie de remilitariser le Canada qu'avec sa négligence criminelle sur le plan de l'environnement. Mais l'opposition est fragilisée du fait de sa dispersion et de ses ambiguïtés.

Sur le plan politique, bien qu'ils utilisent le registre habituel du nationalisme canadien, ni le PLC ni le NPD ne veulent aller trop loin. Le nationalisme

canadien s'appuie sur les couches moyennes et populaires du Canada anglais qui craignent, avec raison,
la restructuration du Canada telle qu'entreprise par
les conservateurs. Le nationalisme canadien souffre
de plusieurs « angles morts », dont son incapacité à
penser une autre relation avec les peuples québécois
et autochtones. Repenser cette relation exigerait de
« refonder » cet État qui a été construit sur la subordination des peuples.

De son côté, le nationalisme des élites québécoises
est ambigu lorsqu'il est question des relations avec les
États-Unis. Pour les dirigeants péquistes, il faut cultiver les relations avec les États-Unis pour affaiblir le
Canada. Après l'élection du premier gouvernement
du Parti québécois (PQ), en 1976, le nouveau premier ministre, René Lévesque, a voulu jouer ce jeu,
mais, malgré tous ses efforts, les États-Unis ont pré-
féré le statu quo et ont appuyé l'État canadien, en
particulier lors des deux référendums sur la souveraineté du Québec. Pour convaincre les États-Unis
que l'indépendance du Québec n'était pas mena-
çante pour eux, Lucien Bouchard, Bernard Landry et
d'autres dirigeants péquistes ont tablé sur le fait que
le Québec était plus « libre-échangiste » que le reste
du Canada.

De nouvelles convergences

Le printemps des carrés rouges[1] a montré qu'une
partie très significative de la population du Québec
était prête à lutter contre le projet néolibéral nord-

---

1. Voir André Frappier, Richard Poulin et Bernard Rioux, *Le
    printemps des carrés rouges*, Ville Mont-Royal, M éditeur,
    2012.

américain. La naissance puis la croissance du parti Québec solidaire en tant qu'alternative au nationalisme de droite est également révélatrice d'une évolution politique à gauche.

De leur côté, les mouvements sociaux du Canada anglais sont sur la sellette. L'opposition à la marchandisation de la société peut unifier ces mouvements dans la lutte, à la condition toutefois de reconnaître aux peuples leurs droits fondamentaux, y compris le droit à l'autodétermination des nations autochtones et québécoise. Différents mouvements populaires et plusieurs syndicats au Canada anglais sont prêts à franchir ce pas, peut-être davantage par nécessité que par vertu, mais peu importe, car il faut une grande convergence des mouvements sociaux pour espérer vaincre le capitalisme néolibéral.

En réalité, on a assisté à une évolution similaire (mais non identique) des mouvements populaires ailleurs dans le monde. Le projet se présente sous différentes formes, mais l'idée commune est de réinventer la démocratie[1], ce qui impose de transgresser les frontières des États capitalistes et de renouveler l'internationalisme. Ce renouveau prend forme dans les Forums sociaux mondiaux, les forums régionaux et nationaux, ainsi que dans les innombrables relations tissées au moyen des médias sociaux entre les IndignéEs du monde entier.

---

1. Voir Susan George, *Cette fois en finir avec la démocratie. Rapport Lugano II*, Paris, Seuil, 2012.

Liste des cartes, des encadrés, des graphiques, des illustrations et des tableaux

CARTES

I.	Les forces de l'OTAN en Afghanistan	22
II.	Géographie de la pauvreté aux États-Unis	39
III.	Répartition par État des élus républicains au Congrès liés au Tea Party (2012)	64
IV.	Les États-Unis partout dans le monde	97
V.	Le Moyen-Orient géostratégique	106
VI.	Conflits et différends territoriaux sur le pourtour de la Chine	115
VII.	Les bases militaires américaines en Asie-Pacifique	116
VIII.	Le bilan du printemps arabe	121
IX.	Le poids des protestants évangéliques aux États-Unis	143

ENCADRÉS

Extrait de la Constitution des États-Unis	14
La santé malade d'un système	42
Thoreau : stopper la machine	53
Extrait du Manifeste du Tea Party	61
Karl Marx, Le chemin de l'émancipation aux États-Unis	71
Oakland Commune	80
Prémonitions – sur les occupations aux États-Unis ..	83
Quelques conséquences des coupes budgétaires	134

GRAPHIQUES

I.	Chômage aux États-Unis	36
II.	Augmentation de la pauvreté, 2006-2011 (en pourcentage)	38

III. Augmentation des revenus après impôts,
1979-2007 (en pourcentage) 40

IV. Progression de l'économie réelle et de l'économie
financière aux États-Unis, 1945-2010
(en millions de dollars) 41

V. Dépenses militaires mondiales :
États-Unis, Union européenne et reste du monde
de 1988 à 2008 99

VI. Population ayant un niveau
de formation supérieure 139

VII. Évolution des dépenses militaires du Canada,
1980-2010 (milliards de dollars) 158

ILLUSTRATIONS

Drapeau du Tea Party pour une deuxième révolution
américaine 59

Le *Gadsden Flag* du Tea Party 60

Grève avec occupation à l'usine GM, à Flint,
en 1937 73

Occupy Wall Street, manifestation à New York 82

TABLEAU

I. Pauvretés, salaires, revenus 37

collection
M OBILISATIONS
ÉDITEUR

Que ce soit dans le monde arabe, en Amérique latine, en Amérique du Nord, en Europe, particulièrement là où s'imposent des politiques d'austérité draconiennes, mais aussi en Afrique et en Asie, que soit au niveau international ou national, on assiste depuis plus d'une décennie à une résurgence des mobilisations de celles et de ceux « d'en bas ». Ces mobilisations sont plus nécessaires que jamais devant les graves problèmes qui secouent le monde : crise internationale du capitalisme, mondialisation néolibérale, dégradation de l'écosystème, accentuation des inégalités sociales, appauvrissement, guerre sans fin, renouvellement et renforcement du patriarcat et du racisme, montée de l'extrême droite, etc.

Le monde bouge rapidement et les gens sont avides de le comprendre. C'est la raison pour laquelle la collection « Mobilisations » est consacrée aux problèmes sociaux et économiques ainsi qu'aux questions d'actualité, et cela, du point de vue des dominéEs et des exploitéEs aussi bien au plan national qu'au plan international.

Dans la même collection

Pierre Beaudet, Raphaël Canet et Amélie Nguyen (dir.), *Passer de la réflexion à l'action.*

Robert Cadotte, *Lettre aux enseignantEs.*

Kajsa Ekis Ekman, *L'être et la marchandise.*

Bernard Élie et Claude Vaillancourt (dir.), *Sortir de l'économie du désastre.*

André Frappier, Richard Poulin et Bernard Rioux, *Le printemps des carrés rouges.*

Louis Gill, *La crise financière et monétaire mondiale.*

Victor Malarek, *Les prostitueurs.*

Leo Panitch, Greg Albo et Vivek Chibber (dir.), *La crise et la gauche.*

Serge Roy, *Fonction publique menacée!*

RECYCLÉ
Papier
FSC FSC® C100212

Achevé d'imprimer en mars 2013
par les travailleuses et travailleurs
de l'imprimerie Gauvin
Gatineau, Québec